コーポレートブランドと製品ブランド

— 経営学としてのブランディング —

簗瀬允紀

創成社新書
19

はじめに

ブランドというと、グッチやルイヴィトンを思い浮かべる方が多い。しかし、ブランドは、ものやサービスや会社など、ほとんどすべてのものにつけられた名前でもある。日本の特許庁に登録されている商標だけでも、一八〇万にものぼるそうである。何気なく使っている手許の商品にも名前があり、その商品を作っている会社の名前がすぐわかるものもあり、また、なかなかわからないものもある。日本では、資本主義の発展形態や財閥などの影響もあり、また、第二次大戦後の傾斜生産方式による系列化の影響もあって、企業名、つまりコーポレートブランドが製品やサービスの保証的役割を果たしてきたため、コーポレートブランディングが花盛りである。一方、欧米の消費財の多くは、企業名があまり前面に出ていない。個別の製品やサービスを代表する個別ブランドが中心になっている。日本の大企業は、中には売上の半分、あるいは七割以上も海外で占めているところも多く、グローバルな競争を勝ち抜く上で、ブランディングは大変重要な経営戦略の一つになっている。

あるいは、日本のマーケットには多くの海外の製品、サービスが入ってきて、恐らく、さらにこれからそのスピードは速まってくるのではないか。国内だけを見つめているわけにはいかなくなってきたのである。

はたして、企業の信用力を中心にしたコーポレートブランディングの強化が好ましいのか、はたまた、個別マーケットをしっかりつかんでロイヤルユーザーを引き付けておくのが良いのか。製造業であれ、サービス業であれ、これからの経営戦略、マーケティング戦略を考える上で、この辺りで、しっかり自分の足元を見つめなおす時期に来ている。

この本では、ブランド論をまず説明し、次に、コーポレートブランディング、個別ブランディングを欧米（主としてアメリカ）および日本の例でレビュー、考察して、今後の考えられる方向性をみてみたい。

また、ブランド価値を脅かす多くの問題からブランド、企業を守る、リスクマネジメントとしてのレピュテーションマネジメントの新しい役割を紹介する。

さらに、ブランドを中心としたマーケティングがいかに経営戦略そのものであるかを、ブランドマーケティングマネジメントとしてまとめた。

これからの企業経営にとって、大企業のみならず、中小企業であれ、起業を志す方々であれ、ブランドを中心としたマーケティングがいかに重要かつ不可欠なものであるかを知っていただきたいと思う次第である。
企業の価値はブランドの価値で決まる。ブランディングは企業経営そのものである。

二〇〇七年九月

築瀬允紀

目次

第1章　ブランドとは

はじめに

ブランドは、ケロッグスクールのジョン・シェリーの『ブランド実践講座』（1）によれば、三つの語源があるということである。一つ目は、火を起こしたり、家庭の炉辺に火をくべたりすることを意味する〝Burning〟。二つ目は、所有や消去不可性を意味する〝Marking〟、そして三つ目は、すこし変わっているが、危険を与えること、もしくは危険から救出すること。ブランドは授けられるもの、獲得するものであり、一族の形成を外に示すもの、だという。

さらに、シェリーは、ブランドとは、差異化するものであり、約束であり、プレミアム価格を課すための免許であり、ブランドは人の心に働きかけて合理的な思考を妨げる手っ取り早い方法であり、作り手の精神を吹き込むことであり、この本質を体内に宿らせる行為である。また、パフォーマンスであり、集積であり、インスピレーションであり、さらにブランドは記号論的アプローチであり、仲間意識であり、企業の姿を立体的に映し出すものである、といっている。

日本人的アプローチからすると、ブランドはのれんであり、屋号であり、紋章であり、シンプルで強い印象を与えるデザインである。

東京など大都市では、一日に出会う広告情報は数千にのぼり、年間ではのべ二百万にもなる。朝のテレビニュースから始まって、会社に着くまでに、町のサインボード、電柱のカンバン、電車の車内の中吊り、ポスター、最近は山手線の電車のボディ広告、車内のビデオ広告、前の人の読んでいる新聞、雑誌の広告、会社の近くのビルボード、ビルのカンバンと、まじめに数えると数百に達するのではないか。また、五年前に比べ電子メールは一、〇〇〇倍になったそうだが、いったんパソコンをあけ、インターネットをあけたとたんに広告の洪水となる。

人間の脳に収容できる言葉（概念）は五万個くらいだそうで、その中身は、新しく覚えた分だけどこかへ忘れないといけないことになる。情報の新陳代謝が、だんだん早くなってきているのは確実なのではないか。

新製品のブランドが成功することを考えると（単価が千円以下のNB消費財の場合）、初年度の購入世帯率を一五—二〇％取る必要があり、そのためには六〇—七〇％の助成知名度が必須である。その知名度を達成しようとすれば、ＴＶスポットを七〇〇〇—九〇〇〇ＧＲＰ（％）投下する必要がある。これは、全世帯が七〇—九〇回そのＴＶＣＭを見ることを意味する。逆に言うと、全世帯の六、七割が知ることになるためには、みんなが七〇回以上そのブランドを忘れてもらうことにもなる。一五秒のＴＶスポットは、番組の間の三〇秒のＣＭよりはるかに注目度は低いが、その頻度によって記憶を確実なものにしていくわけで、その回数は何十回もかかる。人は何回か見ないと記憶に残らないものが多く、また忘れ去る忘却曲線もはっきりとあり、効果的にかつ費用効率的に知名度を上げていくためには、忘却曲線が落ちすぎないところからＴＶスポット投下を始めて、ある期間でインターバルをとり、また忘却曲線が下がり過ぎないところから次のＴＶスポットを入れる、といった工夫をしている。のべつなく入れていてはとてもお金が続かず、効率的ではないからだ。

知名度のモデルは、忘却のマネジメントでもある。

ここまでお話すれば、私の言いたいことがわかってきた読者もいると思うが、一つのブラ

ブランド選択プロセスとマーケティングコンタクト

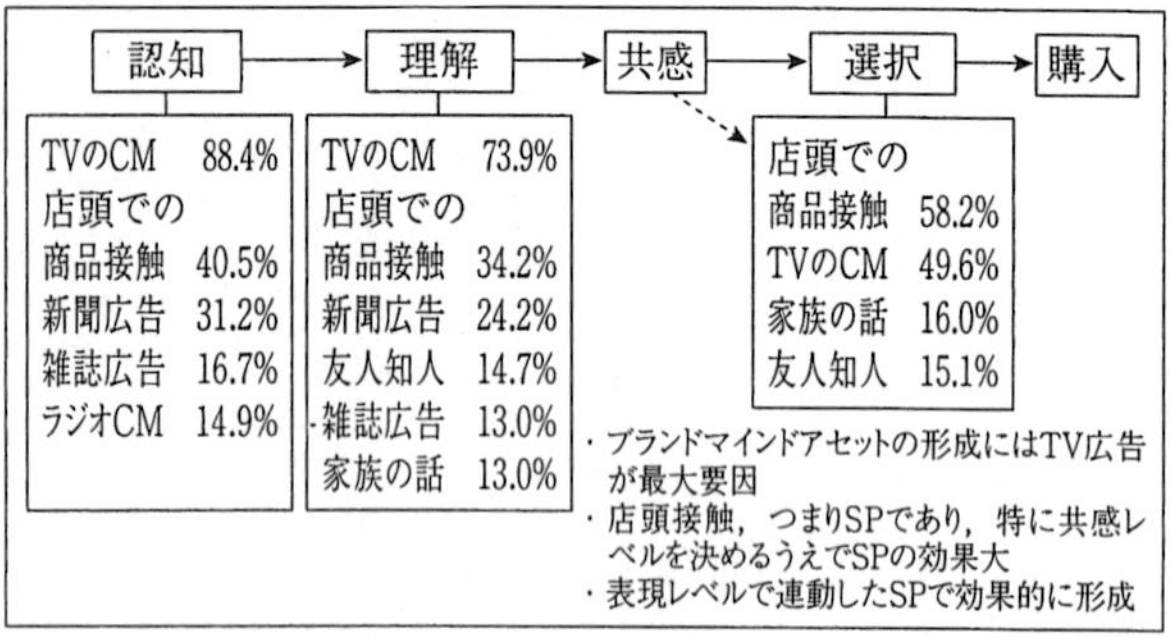

出所：電通調査資料を著者が2005年編集。

ンドをしっかり覚えてもらうということは、なかなか大変なことなのである。名前を覚えてもらうだけでは、まずバッターボックスに入れただけで、ヒットが生まれる第一歩にすぎない。上の購買のプロセスにあるように「認知」の次には、「理解」があり、さらに広告やパッケージにより「共鳴とか共感」があってはじめて、購買への可能性が出てくる。

次々に人々に新鮮で刺激的な広告情報、製品情報が毎日数千も届けられ、「あれは、いいな」と思っていたブランドをすっかり忘れてしまったり思い出せなくなったり、そのうちに完全な忘却のかなたに去ってしまうことは、今や、日常茶飯事と思うべきであろう。いかに、その猛烈な競争のなか、わがブランドのターゲットユーザーにたどり着き、しっかりブランドワールドに共鳴させ、ロイヤルユーザーになってもらうか。戦略的なブランドマネジメント、ブランドマーケティングマネジメン

企業価値の源泉は無形資産に

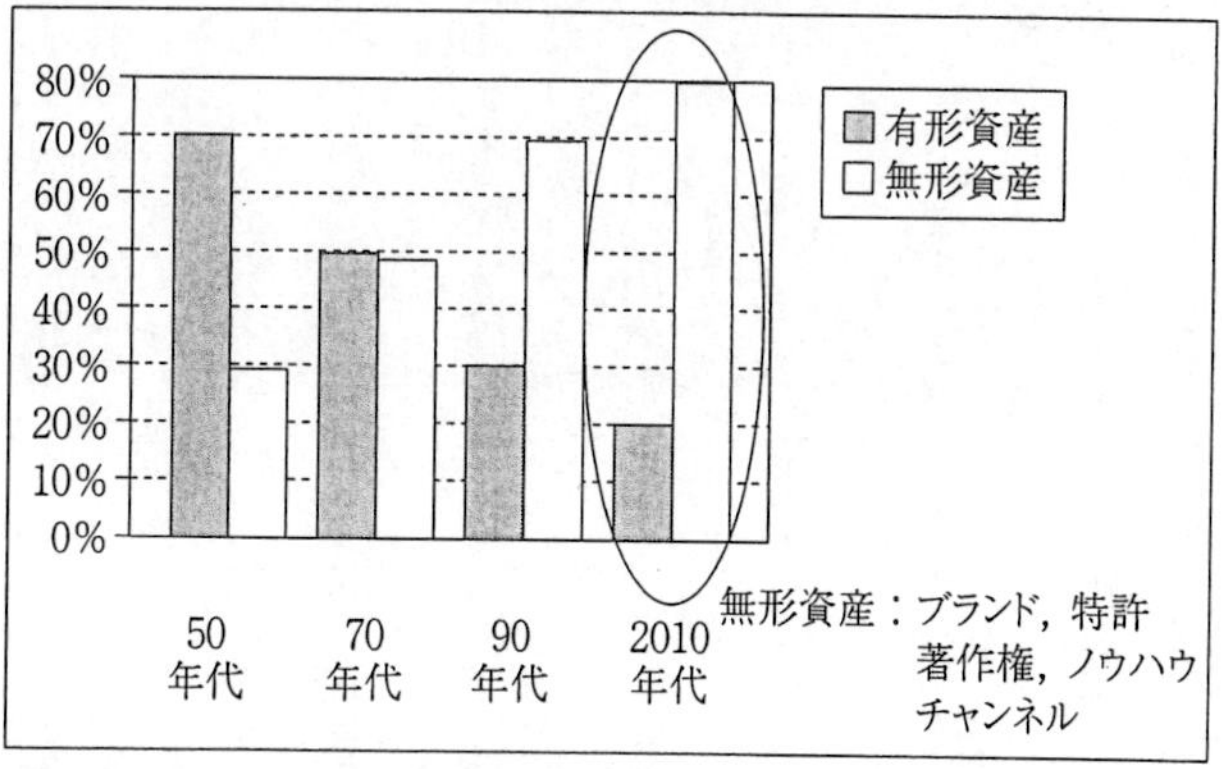

出所：インターブランド（英），2001年。

トが不可欠な時代になっているゆえんである。

この図は、英国のインターブランド社が、過去半世紀にわたる、企業価値のなかでの有形資産と無形資産の構成のトレンドを表したグラフである。一九五〇年代には、バランスシートに載っている、土地、建物、設備といった有形資産が企業価値の大半を占めていたが、七〇年代では、半々、二〇年後の九〇年代ではなんと、ブランドを中心とする無形資産が、企業価値の七〇%まで占めるほどに急激な変化を見せ、あと数年でやってくる二〇一〇年には、さらに無形資産のウエート、つまりブランドの価値が企業の価値の八割を占めることになると予測している。実際に、〇四年、日産自動車の副会長は、日産の無形資産は七〇%を超えた、と発表。またＮＹＳＥ（ニューヨーク証券取引所）の上場企業の平均は、無形資産が株価時価総額の八五％であるといわれている。

無形資産の内訳は企業によっても異なるが、一般には、ブランドあるいはブランド由来のものが多く、ブランド価値に近いといえるのではないか。

では、そのブランドとは、企業名？　製品の名前？

もちろんいずれの場合もあり、ブランドの持つブランド価値、ブランドイクイティの合計である。

詳細なブランド価値の計算方法などはいろいろあり、ここでは省く。

日本の企業、ブランドの場合でも、こういったことがいえるのであろうか。私は、厳密には、現在の日本の無形資産、ブランドの価値のウエートは、まだ欧米諸国のレベルに少し遅れていることは否めないと思うが、基本的には、現在のようなグローバルな市場経済のなか、日本の消費者が特に欧米の消費者ほどブランド認識が遅れているとは思えず、いや、ファッション、アパレルに関しては、米国よりもずっと敏感でまた洗練されていることは間違いないのではないかとさえ思える。

おそらく、数年以内には、グローバル規模のM＆Aなども経験しながら、日本のブランド、無形資産価値の企業価値総額に占めるレベルは国際レベルに近似してくると思う。

そうであれば、ブランドの価値を上げていくことが企業価値、株価の時価総額を上げてい

2009年３月末　日本の時価総額ランキング

1．	トヨタ	10兆7,678億円	−37.2％
2．	NTT ドコモ	5兆8,761億円	−15.2％
3．	NTT	5兆8,715億円	−13.3％
4．	三菱 UFJ	5兆5,446億円	−40.6％
5．	ホンダ	4兆2,476億円	−18.6％
6．	任天堂	4兆446億円	−43.9％
7．	キヤノン	3兆7,612億円	−38.6％
8．	東京電力	3兆3,281億円	−7.7％
9．	三井住友 FG	2兆6,908億円	−47.0％
10.	武田	2兆6,849億円	−39.5％
11.	パナソニック	2兆6,223億円	−50.5％
12.	JT	2兆6,190億円	−47.5％
13.	三菱商事	2兆1,793億円	−57.3％
14.	みずほ FG	2兆1,016億円	−49.5％
15.	KDDI	2兆720億円	−24.1％

出所：日本経済新聞　2009年４月１日より。

2008年末　世界の時価総額ランキング

1..	エクソンモービル	（アメリカ）	3,997億ドル	−23.1％
2．	ペトロチャイナ	（中　国）	2,591億ドル	−64.2％
3．	ウォールマート	（アメリカ）	2,176億ドル	＋12.6％
4．	チャイナモバイル	（香　港）	1,968億ドル	−44.4％
5．	P&G	（アメリカ）	1,809億ドル	−20.9％
6．	マイクロソフト	（アメリカ）	1,765億ドル	−47.1％
7．	中国工商銀行	（中　国）	1,747億ドル	−48.4％
8．	AT&T	（アメリカ）	1,677億ドル	−33.8％
9．	GE	（アメリカ）	1,666億ドル	−55.5％
10.	J&J	（アメリカ）	1,641億ドル	−14.0％
11.	ロイヤルダッチシェル	（英　蘭）	1,603億ドル	−39.7％
12.	ネスレ	（ス イ ス）	1,553億ドル	−13.9％

出所：日本経済新聞（夕刊）2009年１月23日より。

くことにもなり、企業にとっては極めて重要な価値になってくる。ブランドの価値をいかにして上げていくかということが、経営者にとって重要な課題になるのではないか。果たして、日本の経営者は、本当に真剣にこのことを考えているのだろうか。筆者から見る限り、そのことに本当に気付き、実際に行動に移している企業は、外資系は別にして少数であるように見える。

前ページの表は、二〇〇六年末の日本企業の時価総額ランキングベスト一一と、同じく二〇〇六年末の世界の時価総額ランキングベスト一五である。一位はトヨタで約二九兆円、以下二位から四位までは回復になった銀行、以下ベスト一一の松下まで、大きな回復成長を示している。

一方、世界の方は、ベストテンのうち四社がエネルギー関連、ロシアと中国が一社ずつベストテンに顔を出している。トップは石油のエクソンモービルで約五四兆円、二位はGEで四六兆円、トヨタは七位に食い込んだベスト一五では唯一の日本企業。

ブランドの定義

フィリップ・コトラーは、最もベーシックな定義で「製品サービスの名前であり、意味であり、サインであり、シンボルであり、デザインであり、それらのコンビネーションで、消費者が判別でき、選択できるためにある」といっている。

トレードマーク、ブランドマークはブランドキャラクターがビジュアル化、デザイン化されたもの。シンボリックな図柄、一見して広告シーンや製品特性が消費者の頭のなかに瞬間的に想起される（つまり、ブランドワールドが再現される）ことがブランドマネジャーの目標（状態目標）でもある。同時に、法的にこのブランドが保護されるようにされなければならない。

世界的な広告代理店、マッキャンエリクソンワールドワイドの元会長ジョン・ドゥナーJr.は、「ブランドの価値とは、主に消費者が重要性をおく知覚的かつ人間的な価値のことであり、これらがブランドに永続的な価値を与え、消費者に自社の製品を基本製品特性以上のものと評価させる。ブランドはもちろん、企業の本質、中核、心を反映させなければならない。」と語っている。

フランスのビジネススクールHECのマーケティング戦略論の教授、J・N・カプフェレは「ブランドというものは、一見簡単そうに見えて、実はとらえがたい概念である。誰もが典型的なブランドというものをすぐに思い浮かべることができるが、満足のいく定義づけのできる人は非常にすくない。また、どの定義も完全でないように見える。

すべての定義はある意味正しく、ブランドというものはこれらすべてのことである。ある人は製品の名称について語り、またある人は付加価値、イメージ、期待について語る。一方で製品を差別化するロゴや消費者特性について言及する人もいる。実際、製品、ロゴ、そしてイメージなしにブランドは存立し得ない。ブランドは部分と全体の両方である。それは製品やサービスのマークであると同時に、有形・無形の満足を約束する包括的な価値でもある」と語っている。(2)

●ブランドは人間と同じように、個性や性格を持ち、独特の世界、ブランドワールドを持っている。人がブランドに憧れ、また「そのブランドなしでは楽しい毎日が送れない」ほどの密接な結びつきがあるケースもある。筆者が九〇年代にパリに本社を持つフランスの広告代理店RSCGで共同プロジェクトを進めているときに、RSCGのクリエイティブ戦略の一環としてブランド構築の考え方で「スターストラテジー」という方式があった。

＊ブランドは「人」と同じ。映画スターやタレントと同じ

＊顔や容姿、パーソナリティやキャラクターが個性的

＊ブランドロイヤルティとは、ラショナール（合理性）とエモーショナル（感情）とのミックスであり、事実と感情移入のミックスである。

◇それは、何なの？…それは、モノ（製品）から得る物理的な特徴=合理的な理由。

◇キャラクターは？　なぜ愛されるの？……それは強い個性から。
◇どうやって気がついてもらうの？……それは、あふれる魅力から。
＊人と同じように、はっきりとした個性と性格、競争者と明確に異なる差別化されたそのブランド固有のブランドワールドを持たせること。

以上のように、ブランドを簡単な定義では制御しきれないほど人の生活や行動、態度、心に深く入り込んだものから、単なる識別記号まで多くのブランドが人々の生活とともにある。マーケティングを考える上で、ブランド、ブランディングは事業推進上の実に基本的な部分であり、よりよいマーケティングを志向したいと思えば、まずブランドをベースにマーケティングを考えるべきだというのが筆者の考えである。

ブランドアイデンティティ

ブランドは、人間がそれぞれ違った顔と性格を持っているように、個性や特徴を明確にすることが大切である。よいブランドであればあるほど、消費者から見て、そのブランドの個性や性格、そしてブランドが消費者を包み込んでくれる世界、ブランドワールドは、独特の、ほかのものでは決して代替できない価値を持つものになる。

ブランドアイデンティティシステム

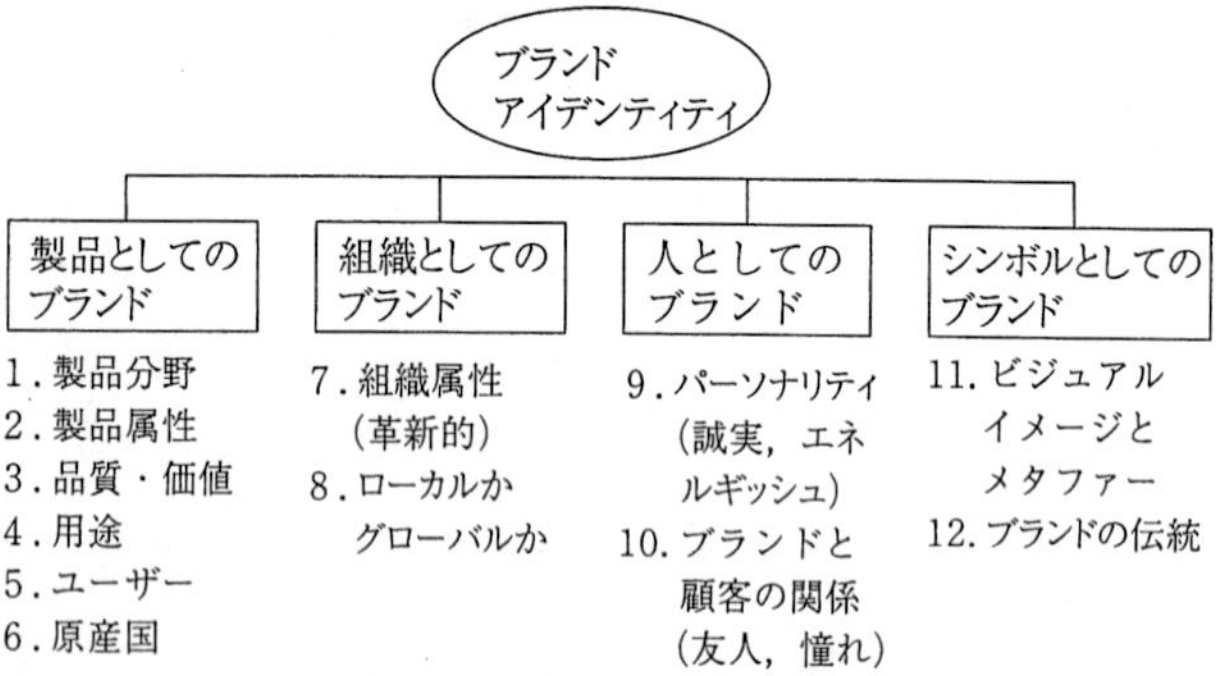

出所：D. アーカー『ブランド優位の戦略』より。

ブランドのロゴやマーク、カラー、パッケージの形などを見たり触れたとたんに、どのくらいブランドのイメージ連想や想起が、いかに送り手の意図したように、それもターゲットユーザーに生まれてくれるのかが、ブランドの強さになり、事業の成否にかかわってくるのである。

デビット・アーカーは著書『ブランド優位の戦略』（3）のなかで、ブランドアイデンティティシステムを、次のように一二のファクターにして説明している。

ここでアーカーは、これらを「ブランドアイデンティティシステム」と名づけている。ブランドが保有しているそのブランドだけの特質、性格、バックにあるもの、そして人と同じようなパーソナリティ、そして、記号、信号、シンボルとしてのグラフィックビジュアルのロゴ、マーク、これらすべての集合を「ブランドアイデンティティシステム」と呼んだのである。

製品としてのブランド

カテゴリー、そして製品属性、品質・価値はブランドの機能的な要素を規定するものである。またいわゆる製品コンセプトの核部分でもある。原産国、つまりオリジンはブランドにとって大変大切なものである。ブランドの由来、歴史といったことと深い関係を持つオリジンはブランドの性格、グレードまでを規定する。したがって、どのように出すか、表現するかは極めて戦略的である。これは、ブランドマーケティング四基本戦略の製品コンセプト戦略のパートで詳しく考えてみたい。

組織としてのブランド

ブランドの背後にあるコーポレートの文化、イメージなどが当該ブランドへの信頼や価値に大きな影響を与える場合がある。「ウオークマン」はソニーが製造販売する製品であり、ソニーの持つ特別のエレクトロニクス技術、コンパクト技術への厚い信頼がこの「ウオークマン」にも受け継がれ、ソニーのミュージックエンターテインメントへの期待も「ウオークマン」ブランドのなかには込められるであろう。ただし、そういった組織連想をもともと組み込んでいないブランドもある。たとえば、「クリニーク」は百貨店でも大きなスペースで、無香料、ナチュラル感をイメージする化粧品としてここ十数年来成功を重ねてきたが、親会社「エスティ・ローダー」の影はまったくない。また、都会のワーキングウーマン向けのシガレットブランド「ヴァージニアスリム」は洗練されたおとなの女性、それもワーキングウーマンのリラックスタイムを演出するブランドである。仲間内になる、「マールボロー」の、男くさい、どちらかというとブルーカラー向けの強いたばこ、黄昏どきのカウボーイを描いた〝マールボローカントリー〟のたばことのシナジーなどどこにもなく、親会社フィリップモリス（現アルトリア）とのシナジーもあまりないであろう。毎年多額のペナルティを政府に支払っている本社アルトリアとの組織連想などはない方がいいのではないだろうか。

また、グローバルに展開しているのか、ローカルなのかといった意味での組織連想もブランドに信頼とか親密さなどを持たせることができる。

人としてのブランド

これはブランドの情緒的役割と深い関連がある。ブランド独自の性格、キャラクターがブランドのパーソナリティを作っていく。ブランドも人間と同じように、感情を持ち、顧客と喜怒哀楽を共有する関係を作っていく。

製品としてのブランドからの機能的価値＝ラショナールをベースに、人間としてのブランドのパーソナリティ＝エモーショナルな部分を広げていくのである。もちろん、そのパーソナリティは自然発生的に起こるわけでなく、ブランドマネジメントのなかでの周到な計画からつくられる。その基本は、ポジショニング戦略に始まるブランドマーケティングの四戦略で構築されていく。

顧客とのロイヤルティもまさにこのパーソナリティを核にふくらんでゆく。

シンボルとしてのブランド

ビジュアルアイデンティティとしてのブランドロゴ、シンボルマーク、カラーポリシーなど、詳細を規定する。特にブランドパート（ブランドロゴ、シンボルマーク、そのカラーポリシーまたプロダクトスローガンがあれば、それを含む）のいくつかの決まったパターンを常に維持しておくことが大切である。人間の視覚は結構正しく機能し、わずかな配列の違い、わずかな色の違いも見分けることができる。少しでも違うものがあれば、それは異質なものとみなされるか、にせものとみなされるか、とにかくブランドへの信頼を大きく傷つけるものである。

ブランドは製品以上のものである

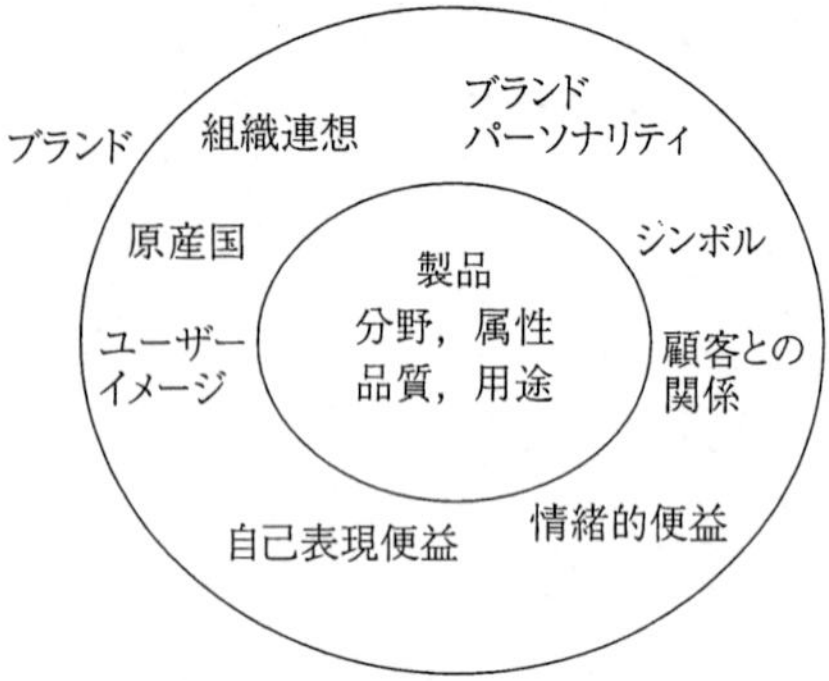

出所：D. アーカー『ブランドイクイティ戦略』より。

厳しく運営されなければならないが、往々にして、特に日本ではこれらのアイデンティティ、同一さが守られていないことがある。ブランドイクイティの大きな損失である。

アーカーは、上の図のように、ブランドの持つ世界が、製品の持っている物性、属性、品質（絶対品質）を包んで広がっていることを教えている。(4)

ブランドの持つジェネリックな部分が機能分野・機能属性であり、それを作る母体、たとえばメーカーのコーポレートな部分が組織としてあり、ブランドの持つ独特のパーソナリティ、キャラクター部分が、人としてのブランドであり、シンボルとしての部分、ビジュアルなマークや記号の役割も重要なアイデンティティである。

製品の外側に位置するこれらの要素が、実は現在のブランドの力、価値、魔力の部分であり、多くの製品、ブランドの名を構築できるかどうかは、製品そのものを超えた、ここでの製品の外側の要素をいかに明確かつ魅力的で強力な信号・シンボルにするかにかかっている。

ブランドイクイティ

ブランドイクイティは、今では一般的に使われる言葉になってきたが、はじまりは米国でブランドのM&Aが盛んに行われだした一九九〇年の初めのころのようである。ブランドの価値は、人によって異なるし、なかなかはっきりした尺度がないが、一九九一年、デビッド・アーカーはその著『ブランドイクイティ戦略』(4)のなかで次のように定義している。

ブランドイクイティとはブランド、その名称、シンボルに関連する資産と負債であり、製品やサービスを通じて企業や企業の顧客に提供される価値である。ブランドイクイティのベースとなる資産は次の五つのカテゴリーに分類される。

(1)ブランドロイヤルティ
(2)ブランド認知
(3)知覚品質
(4)ブランド連想

（5）その他、特許、商標、チャネルなど

また、当時ブランドイクイティに関する定義や指標が乱立したこともあり、ケビン・クランシーとピーター・クリークは、一九九五年、ブランドイクイティの数値による評価方法を研究、八つの基本要素を特定した。（5）

（1）ブランド浸透（広告認知度、入手可能性の加重コンビネーション）

（2）ブランド差異（ブランドの差別性、独自性の測定値と、ブランドの優秀性を示す測定値の加重値コンビネーション）

（3）ブランド品質（同一ブランドの全製品・サービスについての評判、品質）

（4）ブランド価値（買い手が対価を支払うブランド提供物を反映する尺度の加重値コンビネーション）

（5）ブランドパーソナリティ（ブランドの提示するイメージが買い手の望むイメージとどの程度一致しているか）

（6）ブランドポテンシャル（消費者が当該ブランドにいくら余計に払うか、新製品や新バージョンを出したらどの程度試してみようと考えているか）

（7）コンペティティブイノキュレーション（ブランドが逆境に陥ったとき、消費者がどの

程度当該ブランドに固執してくれるか）

（8）ブランド行動（当該ブランドを購入した消費者が当該ブランドを使用する度合い、あるいは購入した度合い）

ブランドロイヤルティ

ロイヤルティという言葉は、忠誠心と訳すことができるが、簡単な損得などで動いたりしない信義、友人、あるいは組織などへの強い忠誠心のことである。

ブランドロイヤルティとは、顧客がブランドに対して持つ愛情や執着心の強さ、尺度のことをいう。

一般に、20：80の法則といわれることがあるが、これは、ほぼ二割の顧客が売上の八割を占めることを示していて、強いロイヤルティをブランドが持つことができればブランドあるいはブランドを持つ企業の収益性は強化されることになる。

また、いったんロイヤルユーザーを獲得できれば、その維持コストは新規ユーザーの獲得のための費用に比べ、七分の一ですむ、ということもいわれている。

感性的ロイヤルティ Milward Brown by WPP

ボンディング（絆）	ブランドはお気に入り。最大限の感情的ロイヤルティ。強い愛着。	トップ顧客　1％
アドバンテージ	大好きなものの１つ。ブランドに強い愛着。	大顧客　4％
パフォーマンス	価格も妥当。ブランドに前向き。期待役割を信頼。	中顧客　15％
プレゼンス	ブランドを知っていて試したことがある。プロミスも知っている。	小顧客　70％
ノープレゼンス	ほとんど知らない。ロイヤルティもない。	その他　10％

感性的ロイヤルティ

オグルビー&メイザージャパンのマーク・ゴーペ氏（6）によれば、WPPグループのミルフォード・ブラウン社のブランドZモデルによる「ブランド愛着のピラミッドモデル」がある。ブランドロイヤルティの深さをよく表している。

ノープレゼンス：そのブランドを買っても、ほとんどそのブランドに愛着もなく、ロイヤルティなどまったく持っていないというレベル。一〇％くらいいる。

プレゼンス：このレベルは感情のはいる入り口あたりの顧客。ブランドを知っているしプロミスもわかっている。一般的には、このレベルの顧客が多い。全顧客の七割を占める。

パフォーマンス：このレベルは感情的ロイヤルティも高い。ブランドを信頼し価格も妥当だと思っている。顧客の一五％。

アドバンテージ：そのブランドは大好きなものの一つ。ブランドに強い愛着を持ち高く評価している。顧客全体の四％。

ボンディング　：まさにお気に入りで、この消費者の生活にはなくてはならない重要な位置を占めるもの。顧客全体の一％。

このピラミッドの上に行けば行くほどブランドに対する経済的価値は急速に高まっていく。

アドバンテージからボンディングで三―四倍、プレゼンスとボンディングでは一〇倍も高まる。

この調査の結果で面白いのは、ヘビーユーザーが必ずしもボンディングではないこと。ライトユーザーでも、ブランドに熱い絆を持つこともある。

もちろん、ボンディングでヘビーユーザー層をたくさん持つことがブランドにとって理想的であるが。そういうユーザーは平均的プレゼンス層の一二―一五倍の経済的価値を持つといわれている。

ロイヤルユーザーと顧客の差別化

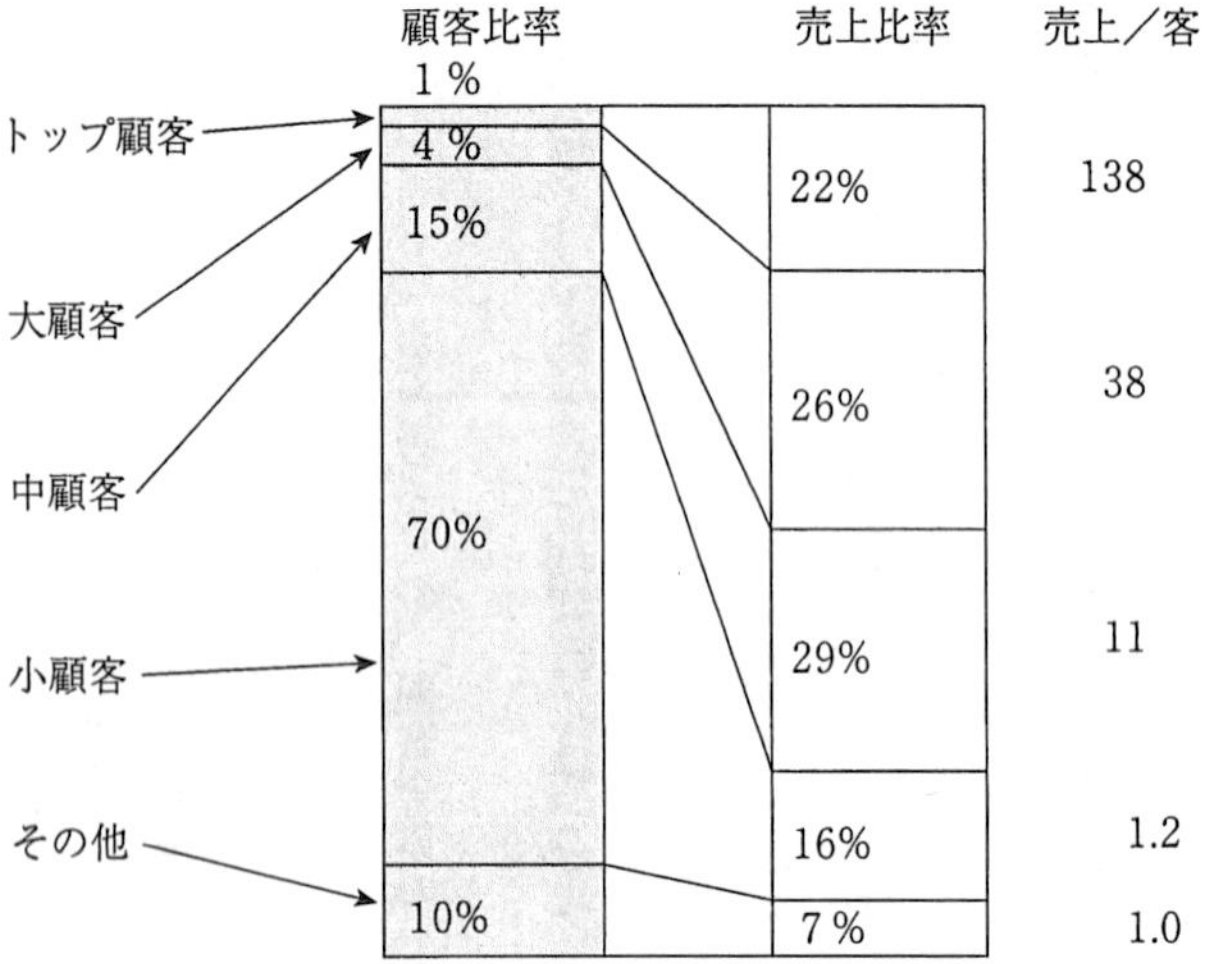

いかにロイヤリテイの高いユーザーをつかむか，維持していくか。

出所：ジェイ＆アダム・カリー『カスタマーマーケティングメソッド』。

次のグラフ（7）は、ジェイ・カリーとアダム・カリーをベースに筆者が作成したものであるが、先ほどのマーク・ゴーペの指摘のように、右の顧客あたりの売上をみると、いかにロイヤルティの高い顧客を持っているかどうかでブランドの価値が大きく変わってくることがわかるであろう。デビッド・アーカー教授が、ブランドイクイティのまず最初にブランドロイヤルティをあげた理由が理解できるというものである。

ただ、現実にトップ顧客を持つことは至難のことである。

筆者が行った最高級ベーカリー

チェーン、高級ベーカリーチェーンでの調査の結果は、顧客比率に関してはほぼこの通りであったが、顧客レベルごとの売上比率はもうすこしなだらかで、トップ顧客、大顧客、中顧客の合計で六〇％弱であった。このことは、ブランドロイヤルティの改善の必要性を示しているると同時に、製品、サービスの性格や単価などにより若干の違いもあるのかもしれない。

したがって、ブランドロイヤルティの戦略的価値は、アーカー教授の指摘の通り。

- マーケティングコストが少なくてすむ
- 競合への強い参入障壁になる
- ライン拡大やブランドストレッチの可能性やポテンシャルが大きくなる
- 取引上の優位性がある

いったんロイヤルティを持つとある習慣性がつき、それほど好きでなくなってもなかなかほかのブランドに変えないし、新規獲得の費用に比べればずっと安いコストで、メンテナンスができる

ブランドロイヤルティ強さの尺度

ブランドロイヤルティの強さの尺度としては、左記のようなマーケティングリサーチ上の尺度を参考にすることができる。

●トップオブマインド想起率
●リピート率
●主使用率（オンリーユーザー率）
●次回購入予定率
●ＤＷＢ（Definitely Would Buy）

トップオブマインドは、当該カテゴリーのなかで、最初に思い出すブランドの発生率である。市場にもよるが、普通はなかなか一桁の数値は出てこない。ターゲットユーザー層では、二〇―三〇％の数値がほしいところである。

リピート率はまさに、ロイヤルティ層の厚さを示す指標である。ロイヤルティのしっかりしたブランドでは、購買のかなりの部分がリピートユーザーの数字になる。リピート率は、トライアルをした消費者が、期待していた機能的価値を満足するか、あるいは使ってみて感じていた知覚品質が期待値以上で、それ以外の情緒便益、自己表現便益が似たようなブランド（ブランドマーケティング四基本戦略のポジショニング戦略のフレームオブリファランス＝ＦＯＲ）より以上で、評価できるものであったときに発生する。

主使用率は、同じカテゴリーのなかで、主に使用するブランドの割合をいうが、リピート購買の率が最も大きいブランドである。やはり、同一カテゴリーのなかで、最も気に入っているブランドであることから、主使用になる。ロイヤルティが高まってくるとそうなる。もちろん良い競争者がいない場合は、消極的な主使用になる可能性もあるが。もっと気に入ってくると、もうそのブランドだけ、というオンリーユーザーとなる。オンリーユーザーはかなりロイヤルティのレベルが高い。

・次回購入予定率

主使用ユーザーはたいがい次回にこの主使用ブランドを次回購入ブランドに指定する。オンリーユーザーの場合は言うまでもない。したがって、この次回購入ブランドの対象となるブランドはロイヤルティの高いブランドになることが多い。

・DWB（Definitely Would Buy）

これは、購入意向の調査をする際に、普通五段階の選択肢を提供し、シングルアンサーを求める。

とても買ってみたい（Definitely Would Buy）

シンガポール航空

常に世界のベスト10航空会社

「シンガポールガール」

レザーやウッドのインテリア，ファーストクラスのミニスイート，作り付けのマットレス，布団，ジバンシーの食器，パーソナルビデオスクリーンなどを搭載した贅沢な747－400。

フライトアテンダントは何年にもわたって，世界最高の客室乗務員を選び，平均以上の賃金を払い，細心の注意を払って訓練し，シンガポール独特のバティック（ろう染め）のサロンで正装。最高のサービスと思いやりの象徴。

出所：写真はシンガポール航空のHPより。

買ってみたい（Would Buy）
どちらでもない（Don't Know／Not Available）
あまり買いたくない（May Not Buy）
買いたくない（Wouldn't Buy）

この最初の、「とても買いたい」の頭文字をとってDWBという（または一番上の答えという意味でトップボックス）。

このDWBのスコアは、ベンチマーク的に観察をしていると、ある価格の消費財の場合は、きちんとした導入計画をした場合（満足なレベルの知名度を確保できる広告計画がある）の、初年度トライアル率あるいは一年購入経験値に近づくといわれている。

十分なDWBを確保することは、ロイヤル化の一つの条件であるといえよう。

ブランドロイヤルティの高いブランドの例：シンガポール航空

ブランド認知

ブランド認知は、ブランドネームを知っている、から始まり、そのブランドが生活の必需品であるまで、認知のレベルはさまざまである。しかし、ブランドとの最初のコンタクトというものは、ブランドネームを知ることから始まる。ブランド認知が購買へのまず第一ステップであり、ある程度の知名度はブランドの必須項目となろう。

さらに、ブランドの価値の認知・理解そして、共感・共鳴と深い理解につながっていく。認知のレベルを、マーケティングリサーチの知名度の分類で説明をする。

①トップオブマインド（第一想起）

あるカテゴリーのなかで、知っているブランドをあげてもらった最初に思い出したブランドをいう。ほとんどの場合は、ロイヤルユーザーであったり、ヘビーユーザーであったりする。ロイヤルティの高さを示す指標ともなる。ブランドのロイヤル化を進める場合には、重要な指標である。また、そのカテゴリーのトップブランドであることも多い。ブランドのマーケティング目標に数値を設定してオーディットをしていくことも多い。目標に達していないことがわかれば、修正をしていくマーケティング計画が求められる。

②オープンマイデッド（純粋想起）

あるカテゴリーのなかで、知っているブランドをあげてもらったすべてのブランド。何も思い出す手助けをしないので、ノンエイデッドともいう。上の、トップオブマインドとはロイヤルティのレベルはずいぶん違うが、名前を知っているだけでなく、ある程度そのブランドを知っている場合もあり、手助けなく思い出してくれることは、ロイヤルユーザーへの可能性があるレベルである。トップオブマインドと同様、ブランドのマーケティング目標に設定することがある。

③助成知名（エイデッドアウェアネス）、写真知名（フォトエイドアウェアネス）

これは任意に想起させるのではなく、ブランドネームを書いたカードを提示したり、パッケージの写真を提示して知っているかどうかを聞くやり方である。

最も一般的な知名度の尺度であろう。

購入経験率との関係や広告露出度との関係などに良く使われる知名度指標である。

④非知名

まったくそのブランドを知らない。

認知のレベルもさまざまである

ブランドのメンテナンスのための、ブランドオーディット（ブランド監査）で定期的にこのレベルをチェックし、ブランドの状態を知っておく。問題があれば、修正を行う。

●まったく知らなかったもの
●写真を見てはじめてわかったもの
●名前を聞いただけでわかったもの
●買ったことがあって、知っていたもの
●気に入って時々は買うもの
●気に入っていてよく買うもの
●それがないととても困るもの
●他に代替がなくて、生活に密着しているくらいな必需品
●どんなにお金を出してもどうしてもほしいもの

消費財の購買プロセス（マーケティングの醍醐味）

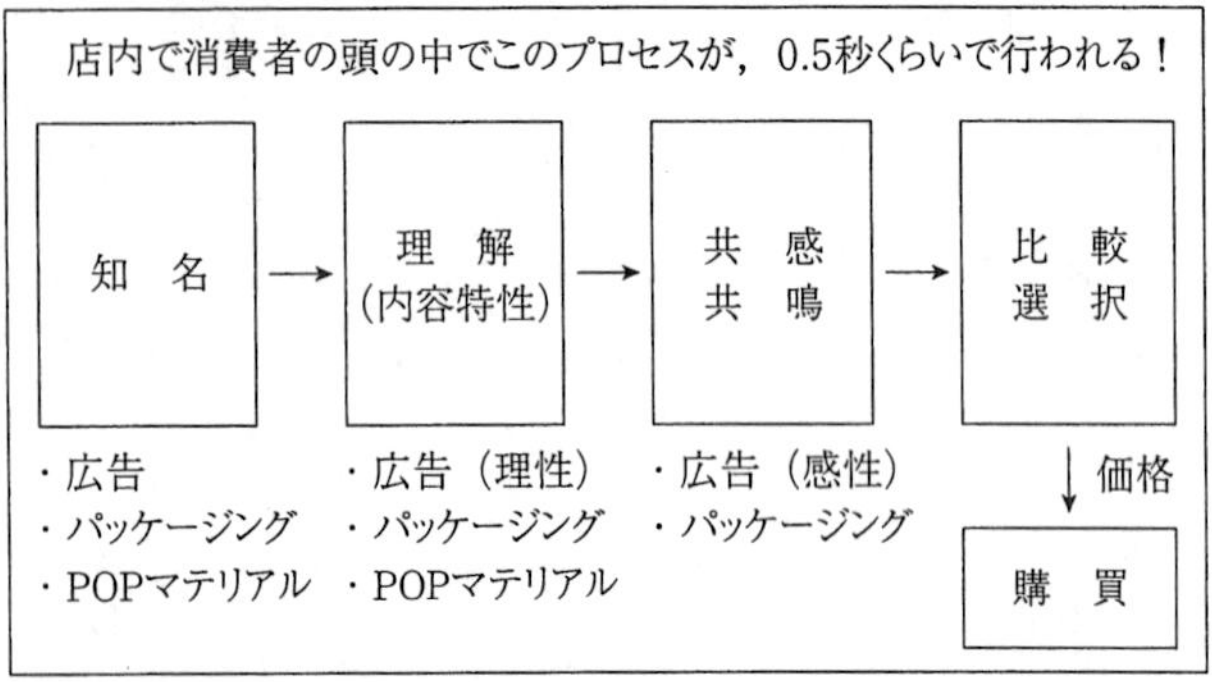

出所：脚注は，その認知の段階を促進できる戦略。

知名から購買まで

上の図は消費財の知名から購買にいたるまでの消費者の頭のなかでの必要なステップのフローを示したものである。

普通は、名前を知らないものは、お金を出して買うことはない。まずは、名前を知り、その後それがどんな効用を持ったものであるか、自分にどのような便益をもたらすものであるかを理解するのが第2ステップ。ここは、理性的反応である（合理的、ラショナール）。

そして、そのパッケージデザイン、思い出した広告の一シーンなどがないまぜになったブランドイメージを連想、その製品に何らかの感情的反応が瞬間的に顧客の心のなかに去来し、そのブランドイメージ、ブランドワールドに対して共鳴したり、共感したりする。その反応が強いものは顧客の生活に深いかかわりのある、いわばロイヤルティの強い商品であったりする。あまり関心のないものは、強い共鳴・共感は起きない。

その後にはじめて、購買への準備段階である比較・選択が、価格と一緒になって、最終的に購買行動が起こる。

消費者が、店頭で商品に出会った瞬間、わずか〇・五秒ほどの間に（もちろんじっくり検討する消費者もいるが）このプロセスが行われるのが、消費財の特徴的な購買プロセスである。

ブランド想起と考慮セット

コーヒー、洗剤のような購入頻度の高い製品は、トップオブマインド（一位想起）は決定的。事前予定購入が多い。

一般的にいえば、想起されないブランドは考慮セットに入れられない。

店頭での新製品大量陳列イベントのような、特別な販促手段が必要になる。
●知名度は、ＴＶ広告が特に大きな役割を果たす。店頭での商品接触もその手段である。店頭におけるセールスプロモーションであるＰＯＰマテリアルも商品に気づかせたり、アイキャッチして存在を知らせるサポートをする。

●理解は、広告、それもＴＶだけでなく理性媒体の新聞、雑誌、それに実際の商品にコンタクトすればパッケージが最もよく語ることができる。

●共感・共鳴は、やはり感性媒体であるＴＶ広告、パッケージデザイン、さらにはグラフィックが美しい雑誌広告などがある。

どうやって覚えやすくするか

・ターゲットのニーズに差別的に特徴があること
・ネーミング、ロゴタイプ、マークデザインやカラーが製品キャラクターやブランドワールドにぴったりであるかどうか、シンボルやマークが効果的か
・ブランドパートのスローガンがコンセプトやトーン＆マナーを言い当てているか
・サウンドロゴが効果的に使われているか
・露出（広告、ＰＲプログラムや製品陳列露出）が十分戦略的であったか。想起には反復が必要

知覚品質（Perceived Quality）

知覚品質とは、

「製品またはサービスの品質に関する顧客の認識」

「品質イメージ」

消費者の品質に関する理解・認識は、絶対的品質やスペックに基づく製造品質とは異なる。

伝わらない品質は、消費者にとって意味はない。
・The Law of Perception「知覚の法則」（『マーケティング22の法則』（8））
一九八〇年代のはじめ、二〇年以上前にコネチカットでマーケティングコンサルタントをしていた時に初めてマーケティング界に「ポジショニング」という競合戦略の概念を導入したアル・ライズとジャック・トラウトが著した原題は〝The 22 Immutable Laws of Marketing〟。直訳すると『マーケティング22の不滅の法則』という本の第四番目の法則に、「知覚の法則」というのがある。この副題に、「マーケティングは決して製品の戦いではなくて、知覚＝消費者にどう受けとめてもらうか、の戦いなのだ」と書いてある。

デビッド・アーカーのブランドイクイティの「知覚品質」とは、このアル・ライズたちのいう「知覚の法則」で指摘している品質の概念と同質のものであろう。

今でも、この種の過ちを非常に多くの日本の会社、特にメーカーで見たり聞いたりすることが多い。

品質重視とか品質第一というのは大切な心がけであるが、むしろそれは当たり前のことで、よほどの医療機器や電子機器をのぞいて、特に消費財の世界では、どのように品質が消費者に伝わっているのか、感じられているのか、をマーケターは完璧につかんでいなくてはならないし、それをコントロールしなければならない。

「よいものをつくれば、必ず売れる」のではなくて、「よいものだと感じてもらえれば売れる」可能性がある。今では、良い品質は当たり前で、その上になにかかけがえのない「快適さ」なのか、ベネフィット（便益）がないと競争を勝ち抜くことはできない。

「知覚品質」は、消費者（ターゲット消費者でよい）に伝わった品質であり、それは絶対品質とは異なるかもしれない「品質イメージ」である。

アル・ライズもこう言っている。「マーケティングの世界にあるものは顧客や見込み客の心の中にある知覚だけである。知覚こそが現実であり、その他のものは幻想である。あらゆる事実は相対的なものである。」

ハーレーダビッドソンを乗り回す人に、ホンダやカワサキのオートバイの方が音も静かだしエンジン性能もはるかに優れていて燃費効率もよく、音も静かでいいよ、と言ってみたところで、彼らは「オートバイとしての性能はハーレーのほうが上」と応えるだろう。

知覚品質が生み出す価値

デビッド・アーカー著『ブランドイクイティ戦略』（4）を参考にする。

●知覚品質は購買意思決定と結びついており、広告やプロモーションをより効果的にする
●知覚品質のレベルが差別化やポジショニングのレベルを決める
●知覚品質上の優位が価格プレミアムを決定付ける
●ディストリビューター、小売といったチャネル構成員の取り扱い意欲を促進する
●ブランドストレッチ（ブランド拡張）の可能性を高める
●PIMS（Profit Impact of Market Strategy）事業ごとの収益性の違いを研究するデータベース。ROI、SOM、知覚品質、相対価格等の変数。バゼルとゲイルは、「事業の成果にもっとも影響を与えるのは、製品やサービスの競合との相対的な知覚品質」と言っている。

知覚品質と事業の成果

ひきつづき、デビッド・アーカー著『ブランドイクイティ戦略』から、参考にする。

●ヤコブソンとアーカーの品質ポジションの関数としてのROI（投資収益率）とROS（売上収益率）からいえることとして、次のように指摘している。

◇知覚品質はSOM（マーケットシェア）を押し上げる
◇知覚品質はプレミアム価格を可能にする
◇結果として、知覚品質は収益性に影響する
◇知覚品質は、コストにネガティブな影響を与えない
◇248のいろんな事業幹部はSCA（Sustainable Competitive Advantage）＝持続的競争優位に関して次のように述べている。
第1位に「高品質という評判」
次には「顧客サービス、製品サポート」

知覚品質のマーケティング

●設計されたような品質感をターゲット顧客に感じてもらう
●コピーストラテジー（クリエイティブストラテジー）に、ターゲットオーディエンスへの知覚品質伝達をレイアウト
◇誰に…コアのターゲットオーディエンスに
◇何を…品質感に裏打ちされたキーベネフィットを
◇何を証拠に…素材品質・技術品質の高さに実証されたサポートフォープロミス（キーベ

ネフィットの根拠）で
◇どんな言い方、トーンで…いかにも正確で精巧な雰囲気のなかで信頼感がつくられる
●マーケティング戦略すべてに（広告、セールスプロモーション、価格、流通チャネル、ＰＲ）一貫して高品質コンセプトをもりこむ

品質のてがかりとしての価格
●シーバスリーガルは価格を引き上げて競合より劇的に高くするまでは、悪戦苦闘していた
●品質の手がかりとしての価格は製品クラスによって異なる
◇ワイン、香水、耐久財は価格が品質のシグナル
◇バーキン差別。エルメスの特別性、希少性。入手困難が基本政策
●ＰＩＭＳ研究。高い価格は、平均すると高い相対的な知覚品質に帰着する

ブランド連想
ブランド連想とはブランドに関する消費者あるいは顧客の記憶と関連しているすべてのことである。
ブランド側からの広告、セールスプロモーション、パッケージデザインなどブランド情報

「バーバリー」ブランドの進化

・バーバリーの業績は，テロなどの影響にもかかわらず，順調に成長している。
・1997年より，米国メーシーから高級百貨店サックスフィフィスアベニューの社長を経験したローズマリー・ブラボー氏が改革・進化を進め，「消費者の手の届く高級ブランド」としてクラシックな商品を現代風に変革，成功している。
・コートが最重要商品であることは変わらない。常に商品の歴史を考え改良を進める。
・1999年，新コレクション「バーバリー・プローサム」を導入，もともと高い品質面での評価に高級イメージを付与。
・毎年売り場を10％ずつ増やしていく。

出所：2004年1月5日付日本経済新聞「ワールドインタビュー」を参考に編集。

に加えて、ブランドに関する経験、記憶がある。連想、記憶に関して、心理学、脳科学的観点からの研究から参考にすると、〝顧客の無意識を解き明かす〟という副題の、ジェラルド・ザルトマンの『心脳マーケティング』から、マーケティングと消費者の記憶・連想に関するところをみてみたい。(9)

「消費者は記憶、メタファー、物語を重ね合わせることにより特定の企業やブランドに意味を見出したり、自分とのつながりを見つけたりすることができるようになる。

マーケターはメタファーを用いることで自らのブランドに関する消費者の記憶を変容させたり、新しい意味づけや物語を構築することができる。

メタファーはふたつの異なる記憶の橋渡しをする。この橋は両方通行のものであり対岸に相当する記憶は、互いに影響しあうことによって双方とも変容する。また社会的文脈を通じて、消費者間にメタファーについての共通理解が生まれそうしたメタファーの利用が促進される。ロジャー・ジャンクとR・P・アベルソンによれば、記憶は物語を語るという行為（ストーリーテリング）と密接な関連を持つ。物語を語ることは記憶することでもある。〝われわれは物事を物語化することによって記憶する。物語を語るということをわれわれは何気なく行っているわけではない。それは何かを記憶しようとすれば、必ず行わなければならない不可欠な行為なのである。われわれが作り出す物語は、自分たちがもっている記憶そのものなのである。〟

消費者は自分のことについて話す際、物語を通じて語る。この物語に登場する衣装や小道具は消費者が欲望し、購買し、使用する製品やサービスである。物語の舞台は消費者が暮らす社会の価値観である。このなかでマーケターは小道具や衣装を提供する役割を担う。また、舞台の黒子として、消費者が記憶を生成し、自己を確立するサポートをする。

考えてみると、消費者の自己の確立過程においてマーケティングが持つ大きな影響力こそが、マーケティングに対して消費者が複雑な思いを抱くことの一因になっているのかもしれない。

企業はマーケティングを通じて消費者に物語の題材を提供し、その題材に関する新たな物語を語りかける。こうしてマーケターは消費者とともに彼らの記憶の生成に一役かっている。こうしたマーケターとのやりとりを通じて、消費者は何かを憶えたり思い出したりするたびに、記憶を形作っているのである。」

消費者のブランドへの連想、そして企業への連想が、マーケターからの情報・製品・サービスによって形成されている状況をよく理解することができる。

ブランド連想とポジショニング戦略

ポジショニング戦略は、ブランドが最も望ましいと考えるターゲット消費者に、ブランドの品質、ベネフィット、抱いてもらいたいイメージやキャラクターを、他の競合ブランドよりはるかにロイヤルティを感じてもらうように自らを市場に位置づける行為である。

これに対して、ブランド連想は、情報の受け手である消費者の感じたり記憶しているそのブランドの知識でありイメージの集合である。

ブランド側の意図の通りにブランド連想があれば、そのポジショニング戦略はよいということである。

定期的なブランドパフォーマンス（実績）のトラッキングサーベイ（追跡調査）や、独自のオーディット、たとえば「ブランドブループリント」のような、消費者とブランドのギャップの有無をチェックしていく必要がある。

ブランド連想はブランド価値を創造する

アーカーは、著書『ブランドイクイティ戦略』(4)のなかで、差別化、購入理由、感情の創造、ブランド拡張の可能性を高める、と指摘している。

●差別化

◇香水　パッケージデザインや広告のイメージで差別化、顧客からは選びやすく、競合との差別化で参入障壁を作る。

●購入理由

◇ブランド連想、イメージは購入と使用の理由になる製品特性、ベネフィットがあり、購入意思決定やロイヤルティの基盤になる。イタリアの名前はおいしそうなパスタを連想させる。

●感情の創造

◇連想は好まれ、ブランドに転嫁されてポジティブな感情を刺激する。「アルマーニのめがねをかけるとなんだか自分がかっこよく感じる」。

●ブランド拡張の可能性を高める

◇サンキストさわやかで、健康的なイメージは飲料からビタミンCまで。

＜ブランドとオケージョン（使用される状況）の連想＞

●コーヒーのモチベーションリサーチによると、非常に多くのコーヒー飲用シチュエーション、オケージョンが発見された

◇スナックとコーヒー、食事とコーヒー、家族とコーヒー、友人とコーヒー、区切りのコーヒー、はじまりのコーヒー、音楽とコーヒー、一人で飲むコーヒー

◇開放、休息、緊張、陶酔、沈潜、心理的欲求

●ポピュラーコーヒーのモチベーション

●プレミアムコーヒーのモチベーション

●グルメコーヒーのモチベーション

ブランドの階層

（ア）コーポレートブランドと個別（インデペンデント）ブランド

（イ）ブランドの階層

●コーポレートブランド

企業名がそのまま使用されているケース。マザーブランドとなってサブブランドを展開す

るケースもある。ヤマハ、ソニー、味の素、サントリー、トヨタなど。

●事業ブランド

企業内の事業単位で展開されているブランド。PlayStation、Panasonic、ヤマハリゾートなど。

●カテゴリーブランド（ファミリーブランド、マザーブランド）

ある事業グループをくくるブランド。クックドゥー、パスタドゥー、VAIO、EOS、アウスレーゼなど。

●製品ブランド

トロッケンアフターシェーブローション（資生堂アウスレーゼ）、VIERA（Panasonic）、マキシムレギュラーキリマンジャロ、など。

ブランドラインイクステンション

ブランドラインイクステンションはブランドのポジショニングステートメント（マーケットターゲット＝参入市場定義、フレームオブリファランス＝細分化参入カテゴリー・最大の敵のカテゴリー、ポイントオブディファランス＝差別化点）、キーベネフィット（主要便益）がまったく同一でブランドプロミス（ブランドの約束）を当該ブランドのもとで果たせるライン拡大という。当然ながら、同一カテゴリーである。

たとえば、「マキシムレギュラーコーヒー」のラインイクステンションとしての「マキシムレギュラーコーヒーモカ」、「マキシムレギュラーコーヒーキリマンジャロ」など。

ブランドストレッチ

ブランドストレッチは通常強力でユニークなブランドのもとに、まったく異なったカテゴリー、市場分野に参入するやりかた。たとえば、「ヴァージンレコード」から「ヴァージンアトランティック航空」、「ヴァージンコーラ」。ヴァージンブランドは創始者のチャールス・ブランソン氏の強烈な個性をバックにそのブランドをいくつものカテゴリーに展開、成功しているものもあるが、失敗しているものもある。

ブランドストレッチは、以上のように、まったく異なった市場に、ほかのカテゴリーで成功したブランドを展開させるため、ブランドワールド自体を、参入する市場どれにでも通用するようによほどしたてておかなければ競争を勝ち抜いていくことは難しい。

キヤノンの一眼レフカメラは、昔から優れた製品として、日本だけでなく世界中でその価値が認められ、強いブランドである。その優れたレンズ、光学システム、精密工学の応用技術がキヤノンコピー機、キヤノンプリンター、キヤノンデジタルカメラ、キヤノンレーザープリンターなどのカテゴリーの製品を生み出してきた。優れた社内リソースの展開による新規事業開発の成功例であろう。また、これらをブランドストレッチと呼ぶことができる。

また、日本の企業の新事業開発による製品展開に際しては、このようなコーポレートブランドのもとにカテゴリーネームで展開されるケースが多い。

しかし、この数年、キヤノンはこれらカテゴリーにそれぞれブランドをつけるようになった。

●デジタル一眼レフのEOS、EOS Kiss
●デジタルカメラはIXY、Power Shot
●プリンターはPIXUS
●レーザービームプリンター、複合機はSATERA
●カラーコピーはPIXEL

いったいなぜ、キヤノンはこのような政策に変えたのか。

やはり、個別カテゴリーのバトルフィールド（戦場）での激しい競争には、キヤノンといえども、キヤノンブランドの持っているブランドパワー、ブランドワールド、ブランド連想では、個別のカテゴリーの固有で求められる価値、連想には不十分であるという結論に達したのであろう。

アル・ライズ、ジャック・トラウトはその著『マーケティング22の法則』のなかで（この二人は彼らのあらゆる著作でブランドストレッチの問題点を指摘しているが）、米国のビール業界の低迷について、その理由の大きなものはブランドストレッチ（このケースはブランドラインイクステンションに近いと思われるが）にあると言っている。

筆者も、自分の経験上、その考えに共感を持つ。

米国のビールのブランドはたくさんあるが、メジャーなものはやはり限られている。アンホイザーブッシュ社の「バドワイザー」、「ミケロブ」、「ブッシュ」、「ミラー」、「クアー」などがある。

一九七〇年代、ビール市場の拡大を目指し各社ともライトビールをそれぞれのメジャーブランドに出した。よく知られている「バドライト」、「ミラーライト」、「ミケロブライト」、「クアーズライト」といった具合である。発売から数年間はものめずらしさもあり売れ、ビールマーケット自体が拡大したように見えた。しかし、その後、特に強大なアルコールカテゴリーの出現があったわけでもないのにマーケットはもう拡大への道に向かうことはなかった。

ライトビールのいかにもソフトドリンクライクなポジショニング、ブランドワールドがオーソドックスなクラシックビールたちの、ゆっくりくつろいでリラックスしたビールの商品世界を壊してしまい、ソフトドリンクのようなポップで落ち着かない世界にひきずりこんでしまった。SOV（シェアオブボイス）もおそらくはビール全体のなかでは相対的に大きかったに違いない。あの「ミケロブ」を思い出しても、すぐライトビールのポップな音楽が思い出され、渋くて苦くて泡とともに広がるアルコリックで心を落ち着かせる「ミケロブ」の伝統的な気分をふっとばして、「今日はソノマのカベルネにするか」を連発させてしまったのか。

筆者が真剣に考えた商品はコーヒーであった。インスタントコーヒーから出発したブランドは果たしてインスタントよりもアッパーグレードと思われるレギュラーコーヒーのブランド足りうるだろうか。あるいは、そのインスタントコーヒーのブランドは缶コーヒーなどへはどうであろうか。コーヒーの場合は、「クラシック」なビールの持つ独特の落ち着いた大人のくつろぎの時間、仲の良い仲間との対話とか、一人でも落ちついた時空を持つ時の大切なツール〝対〟「ライトビール」の、ソフトドリンク市場への対抗や侵略を狙ったような、〝明るいさんさんと輝く太陽の下、さわやかさ、明るさを歌うポップな世界〟ほどの、大きな違いがなく、コーヒーという茶色い液体が約束する（カフェインの覚醒作用をベースとした）モチベーション（飲用動機づけ）の時が、インスタントコーヒーでもレギュラーコーヒーでも缶コーヒーでも基本のエレメントとして大切にされ、そこを省略することがなかったことがあろう。それは、どのネスレであれ、AGFであれ、UCCであれ、KEY

コーヒーであれ、コカコーラのジョージアであれ、サントリーのボスであれ、コーヒーの香り、アロマを大切にして作ったということであろう。したがって、ネガティブな問題はあまり見受けられず、むしろブランドシナジーを得ているブランドもある。

一方、ソニーもたくさんのストレッチをしている。

本業であったはずのエレクトロニクス以外に、ゲーム機では「ソニープレイステーション」、音楽は「ソニーミュージックエンタテインメント」、映画の世界では「ソニーピクチュアス」、さらに「ソニー生命」、「ソニー銀行」、「ソニー損保」。金融の世界に新しいハイテックなイメージビルディングが効果的なのかどうかわからないが、本業のエレクトロニクスへの貢献があるとは思いにくい。

ロンドンビジネススクールのジョン・A・クエルチは、ブランドストレッチに関して問題提起をしている(10)。「ブランドストレッチは本当に利益を生むのか?」

彼は、企業がブランドストレッチを追い求めてきたのには七つの要因があるという。

顧客の細分化…ブランドラインイクステンションは市場調査の低価格・高度化された技術とで多様な消費者の声にこたえるセグメントを設定し、またセグメンテッドされたメディアに投下する広告によって可能になってきた。

消費者の欲望…消費者はますますブランドスイッチを行いトライアルをする。ブランドストレッチは同じブランドの傘の下で幅広い製品バラエティを提供、「何か目新しいもの」を求める消費者の欲望にマッチする。こうやって、一つのブランドのもとに多くの消費者の欲望に応えていくことができると企業は期待している。もし小売業に受け入れられさえすればブランドラインの全アイテムについて、消費者の目をひきつけることができ、ブランドイクイティも上昇する（筆者注：もし、長期的にそんなことが持続できればの話である）。

幅のある価格帯…しばしばマネジャーはこれら派生品の価格を品質の高さを主張してブランドのコアとなる製品よりも高く設定する。市場が成長しているカテゴリーであれば、プレミアム製品として既存客をひきつけブランドの利益率を上げることができる。たとえ、カニバライゼーション（共食い現象）が起きても、すくなくとも短期的には利益があがる。これと同じことで低い価格を設定することもある。いずれにしても、メーカーは価格の幅を広げることでより広範な顧客を獲得することができる。

生産設備のだぶつき…一九八〇年代、企業は効率と品質の向上のために高速のラインを増設、既存製品の製造能力がだぶつき、企業は派生製品を導入したがるようになった。

短期的収益の期待…売上を急速かつ低コストで行う方法としては、ブランドストレッチは、セールスプロモーション以外では最も手っ取り早い方法である。派生商品にかかる時間とコストは新しいブランドにかけるそれらよりはるかに少なくてすむ。わざわざ時間をかけて新しいブランドを立ち上げるようなリスクテイキングなマネジャーはいない。彼らは次のことをよく知っている。

●大きなブランドには持続力がある

●アメリカで新ブランドを成功させるコストは三、〇〇〇万ドル（約三五億円が相場：筆者の経験からは食品関連NBであれば日本でも八〇億円は必要）かかるが、派生商品は五〇〇万ドル（約六億円）ですむ

●新ブランド製品の成功率は低い（市場で一年持ちこたえられるのは五つに一つ）

●消費財は成熟し、企業間の技術格差がない

●派生商品は、低リスクでそこそこの利益を得ることができる

こういった声と、ウオール街からは四半期ごとの利益を増加させるように圧力がかかる。したがって、トップマネジメントはまったくの新製品を作り出すために必要な長期的な研究開発に十分投資をしようとしない。こうした行動群によって、ブランドストレッチが必然的に増えることになる。

競争の激化…しばしばマネジャーは市場シェアと利益とを混同し、派生商品がブランドの支配力を高める手段だと考える。有力ブランドを持つマネジャーは頻繁に派生商品を発売し、PBや他のブランドを押し倒しながら市場シェアを伸ばしていく。アメリカの歯磨き市場

では、クレストとコルゲートがともに三五種類以上の派生商品で、市場シェアを伸ばしてきた。

流通からの圧力…多くの業態の流通（ホールセールクラブからハイパーマーケットまで。筆者注：日本でいえば百貨店からスーパー、コンビニまで、といったところか）が登場し、メーカーもそれぞれの業態にミートした商品を求められる。小売業は、二番煎じの商品は嫌うものの自社のマーケティングに合ったサイズの商品を要求する。みずからSKU（Store Keeping Unit：アイテム数）を増加させている。

こうした理由が、多くの派生商品をあふれさせている要因であるが、しかし徐々に、その派生商品の増加による問題点やリスクが明らかになってきた。

＜乱立する派生商品の落とし穴＞

ブランドロイヤルティの低下…強力な老舗ブランドには購買習慣や使用習慣といったものがベースになってロイヤルティが形成されているものが多い。製品ラインの拡張やブランドストレッチによってブランドロイヤルティの基盤になっている購買パターンや使用習慣を乱し、購買決定のすべてを一からやり直させる危険を冒させることになる。また、ブランドストレッチによってバラエティも楽しめるが同時に、ブランドスイッチも促す危険が出てくる。派生商品によってブランド全体のシェアは短期的には増加するが、カニバリゼーションや、マーケティング戦略のシフトが起こって、コア商品のロイヤルティやシェアが低下すれば、長期的には支持基盤の健全性は損なわれることになる。ブランドイメージは強化されるより、拡散することになる。

これが、ジョン・A・クエルチの論である。

ここで、クエルチが指摘しているように、短期的には、シェアの拡大やそれに伴う業績の向上はあっても、長期的にはブランドはフォーカス（焦点を絞ること）が拡散し、ブランドアイデンティティが不明確になり、ロイヤルユーザーが離れていき、収益水準は下がっていく。ブランドの価値である、ブランド連想がしぼんでいき、ブランドロイヤルティが衰退し、当然知覚品質も後退することになろう。ブランドがフォーカスされないときの問題は、まさに、アル・ライズのいう「ブランドはフォーカスされ、絞り込まれてこそ魅力と価値が高まる」ことが崩壊したときである。

クエルチ教授は、派生商品によっては、カテゴリー成長は望めないことを、いくつかの例で示している。一九八九年から一九九三年の四年間で、観測された新規導入製品数と、カテゴリー成長率の関係である。

●ペットフード　新製品比率二六・四％、カテゴリー成長率マイナス一六％
●クラッカー、クッキー　新製品比率三五・六％、カテゴリー成長率マイナス二・六％
●ケチャップ　新製品比率三六・四％、カテゴリー成長率マイナス一四・一％

●シャンプー、リンス　新製品比率四四・四％、カテゴリー成長率マイナス一五・七％

これは、アメリカの十年以上前の四年間のデータであるが、筆者の受けた印象は、衰退するマーケットを活性化させるためにむしろ何か手を打たざるを得ずに、多くの派生商品なりブランドストレッチがあって、市場の現象に対しては、たくさん新商品を導入した割にはほとんど失敗している。

ブランドの価値構成要素

ブランドの価値を別の面からみていくと、製品やサービスのタイプによって、ブランド価値の構成要素が異なっていることがわかる。

ブランド価値＝素材・技術価値×情報化価値×関係

（1990年、簗瀬作成）

素材・技術価値：その製品・サービスを形成する素材そのものや、製品・サービスを作り上げるためのテクノロジーによって生み出される価値のこと。いわゆる「作り手の絶対品質」に近い概念である。ジェネリック（付帯機能のない一般的な）、コンベンショナル（ありきたりの通常品）な製品群は、この要素のウエートが大きい。ラインを拡張することによって消費者の欲望にこのブランドで答えていけるのではないか。

情報化価値：情報によって生み出される価値。広告、パッケージデザイン、販促活動、PRあるいはクチコミなどによって増幅される。自動車、嗜好品、アパレルなど情報しだいでミートするターゲット層には、きわめて強力なロイヤルティを形成する要素となる。

関係化価値：商品やサービスの演出のされ方、その売られ方、期待、あるいは価格などによって形成される価値。たとえば、ふかふかのじゅうたんに素敵なブラックスーツの女性が上品な言葉で案内するグッチやシャネルのお店。あるいは、ディズニーランドのわくわく楽しい経験期待。

この三つの要素のウエートは、ブランドによって違ってくる。ブランドの持っている意味性、役割によって戦略的に決める必要があり、それによってマーケティング戦略は変わってくるべきである。

第2章　ブランディング　二つの文化

フランス人の世界的なブランド研究学者でパリにあるビジネススクールHECのマーケティング戦略論の担当教授、ジャン・ノエル・カプフェレ教授は、その著書『ブランドマーケティングの再創造』（1）のなかで日本企業のブランディングと欧米流のブランディングを「東と西のブランド文化」と、ブランディングに大きく二つの文化が背景になったお互いに異なった観点のブランディングがあることが述べられている。

ブランド論ではすばらしい業績を残しているアメリカのカリフォルニア大学バークレイ校ハース経営大学院の名誉教授デビッド・アーカーは、彼の十年ほど前の著書『ブランド優位の戦略』（2）のなかで、日本企業のブランド戦略にふれている。欧米の企業とはかなり異なった見地からブランド戦略をみており、その特徴として①企業イメージに夢中でそれにとりつかれている。②その社名を幅広いさまざまな製品につけて、最終的にブランドアイデンティティの対象を、そのブランドの顧客だけでなく従業員まで影響を及ぼそうとしていると述べている。また、企業名をあらゆる所につける例として「三菱」をあげ、それ一つで何万にも及ぶ製品やサービスにつけられ多くのサブブランドの背後に存在すると、欧米との違いをいい、その理由を、日本においては（この本が書かれたのは一九九六年）企業が売却されることがめったになく、企業とその製品構成は真に永続的だから可能であるといっている。対照的にアメリカ企業はGE、ゼネラルミルズなどポートフォリオ上の製品とブランドのファミリーに対して一時的に関与するだけだと述べ、M&Aを積極的に行うためにコーポレートアイデンティティへの投資は難しいことを指摘している。

これに対して先のカプフェレ教授は、西洋的なブランド観はそもそも特徴ある製品があり、企業が設立され成長し、広告がブランドの名声やイメージを高め、いわゆる製品ブランディングを基本としたマネジメントであり、ブランドは製品の差別化を図るために市場を切り分ける手法として使われており、原則としてそれぞれのセグメントごとに新しいブランドが生まれるわけで、ここでのキーワードはターゲティングとポジショニング（競合企業との間にイメージにおける相対的な差異をつくること）であるといっている。そして、日本的なブランド文化はこの果てしない市場文化とはまったく異なっているととらえ、日本では分割、区別、分裂よりもグループ化、包括化、資源蓄積、関係創造の方が好まれ、その好例としてヤマハをあげ、モーターバイクとクラシックピアノに異なったブランド名を使わない、日本人は企業の意思が直接反映されるようなブランド文化を創造してきたと述べている。

また、世界的に有名な日本のブランドの多くは、企業グループの名前（三菱、ソニー、東芝、松下など）であり、日本では製品の評判よりも企業の評判の方が重要であり、欧米ではこのようなことはB2Bビジネス（企業間取引）を除いてはみられなかったと、言っている。

つまり、カプフェレは、ここには明らかに二つの消費者行動モデルがあり、欧米のブランドマネジメントに、製品のアイデンティティに非物質的な要素が盛り込まれているのはブランド評価の基準を差別化、妥当性、そして自らを高めようとする欲求があるからだと述べている。そしてその欧米型を製品割り当てモデルであるとしている。

そしてもう一つのモデルは日本のロイヤルティモデルであり、重要なことは、一つのブランド、一つの名前に信頼が築きあげられ、企業名は、力、継続性、地位を具象化する上で最も適していると述べている。ここでは発生源としての効果が重要で、ブランドアイデンティティはブランド間の差異からではなく、企業の持っている主要な価値から生じる。そして、カプフェレ教授は、日本におけるブランドアイデンティティは自らの内部への深い観察に由来している。つまり、日本で重要なことは他に対する異常な気遣いではなく、己の持つ価値への信頼なのだ、とまで述べている。

また、日本においてはブランドの評判とは、一人の人間が同時に消費者であり市民であり従業員であるかのように扱われ、それゆえ日本の企業は、巨大で規模の大きさが強さにつながりあらゆるものを内包するような笠ブランド政策となるといっている。また、カプフェレ教授は、この日本的ブランド文化が欧米の製品ブランド信奉者たちにも受け入れられつつあると報告している。

この点は、確かに日本におけるP&Gのやりかたをみればうなずけるものがある。山田はその著書『ブランド力』(2)のなかで、P&Gの日本法人の言葉として次のような話を紹介している。「日本はまた米国とは事情が違うと考えています。私たちは一九七三年に日本法人を立ち上げずっとこの市場でビジネスをしています。最初から順調にいったわけではなく、当初はだいぶ苦戦しました。そのときに学んだことの一つに、日本では会社の名前を売るのが重要だったということなのです」。そして次のようにコメントしている。「たとえばなんとなく花王の製品だから買おうというのはたしかにある。だから日本ではCMの最後にP&Gのロゴが必ずでてくる。会社名を売っていくためにやっている。やはり日本人は企業名を信用の証としており、日用品に関してはその傾向が強いとP&Gではかんがえている。」

欧米のブランディング

ここで少し、欧米のブランディング、それもコーポレートブランディングと製品個別ブランディングの関連に焦点を絞って諸説を紹介してみよう。

「グロービス」MBAシリーズの『マーケティング』(3)の八章(A)ブランドネームVS会社名 から抜書きをしてみると、「確かにアメリカでもコダックやIBM、コカコーラなど会社の名をそのままブランドネームにしている会社もあります。日本との違いは、作っている会社よりブランド自体に信用があるということです。たとえばナイキというブランドに信用があるのであり、もしもその商品がナイキ以外の会社で作られていても、消費者はそれほど気に留めません。バドワイザーというブランドに価値があるので、アンホイザーブッシュという会社名はさほど重要ではないのです。よく聞いたことのあるブランドでも、どこが作っているのかを知らない消費者はたくさんいます。P&Gは一〇の洗濯洗剤ブランドを持ちますが、その中でもナンバーワンは年間九億ドルの売上と一五%のマーケットシェアを持つタイドです。それに比べてオキシドールの売上は六五〇万ドルほどしかありませんでした。トップブランドの一四〇分の一の売上では、コストを回収できないので二〇〇〇年にP&Gの元社員の経営する会社にブランドを売却したのです。これもブランドそのものを信頼する消費者にとってはどうでもよいことです。オキシドールを長年使っている客はメーカーが変わっても品質に変化がなければ使い続けるでしょう。

社名をそのまま関連のない分野のあらゆる商品につけるファミリーブランド化は、アメリカの企業ではGE以外、あまりおこなわれていません。一番大きな理由は、ジャンルをこえて同じブランドネームを使ってしまうと、ブランドが持つイメージを保つことが困難になるからです。」

また、続いて（B）ブランドを乱用しないの項でも興味深い見解を述べている。

「ブランドは実体のないものですから、乱暴に扱うとすぐに崩れてしまいます。一つでも世間に名の通ったブランドネームがあれば、それをフルに利用して事業を展開したいところでしょうが、そのブランドが持つ意味を薄めるようなことをしてはなりません。たとえばフェラーリがトラックを作ったり、ロールスロイスが小型車を売り出したりしたら顧客は納得するでしょうか。実際にベンツは小型車のAクラスを販売し、ポルシェはフォルクスワーゲンと共同でSUV「カイエン」を開発しています。しかしこれらの戦略はブランドの持つカリスマ性をそぐことはあれ、価値を高めることはないでしょう。数字合わせはできても長期的にはブランドの持つ意味、神秘性が失われることが懸念されます。ポルシェもブランドに対する影響を懸念して、一時はブガッティの名前を使うことまで検討しましたが、ポルシェの冠をつけることに問題なしとの結論に達しました。」

ポルシェ・カイエン

出所：ポルシェ社 HP より。

この「ポルシェ・カイエン」に関しては、ブランドストレッチによって焦点が消失した好例のように思える。クラシックなスポーツカーとSUVではアイデンティティもターゲット層もまったく異なるのではないか。製品ライン拡張の問題は別途取り上げてみたいと思う。

ここで、ブランド論の大家、デビッド・アーカー氏の論点に少し詳しく触れてみたいと思う。アーカー氏の日本でもよく知られているブランドに関する四部作、『ブランドリーダーシップ』、『ブランド優位の戦略』、『ブランドイクイティ戦略』、『ブランドポートフォリオ戦略』のうち『ブランドイクイティ戦略』以外の三冊には、企業ブランディングと個別製品ブランディングに関する部分がある。『ブランドリーダーシップ』（4）から、そのポイントを抜書きしてみたい。

第四章、ブランド関係チャートのなかでアーカーは、企業ブランドと個別製品ブランドを次の図のように、四つに大きく分類した。

ブランド関係チャート

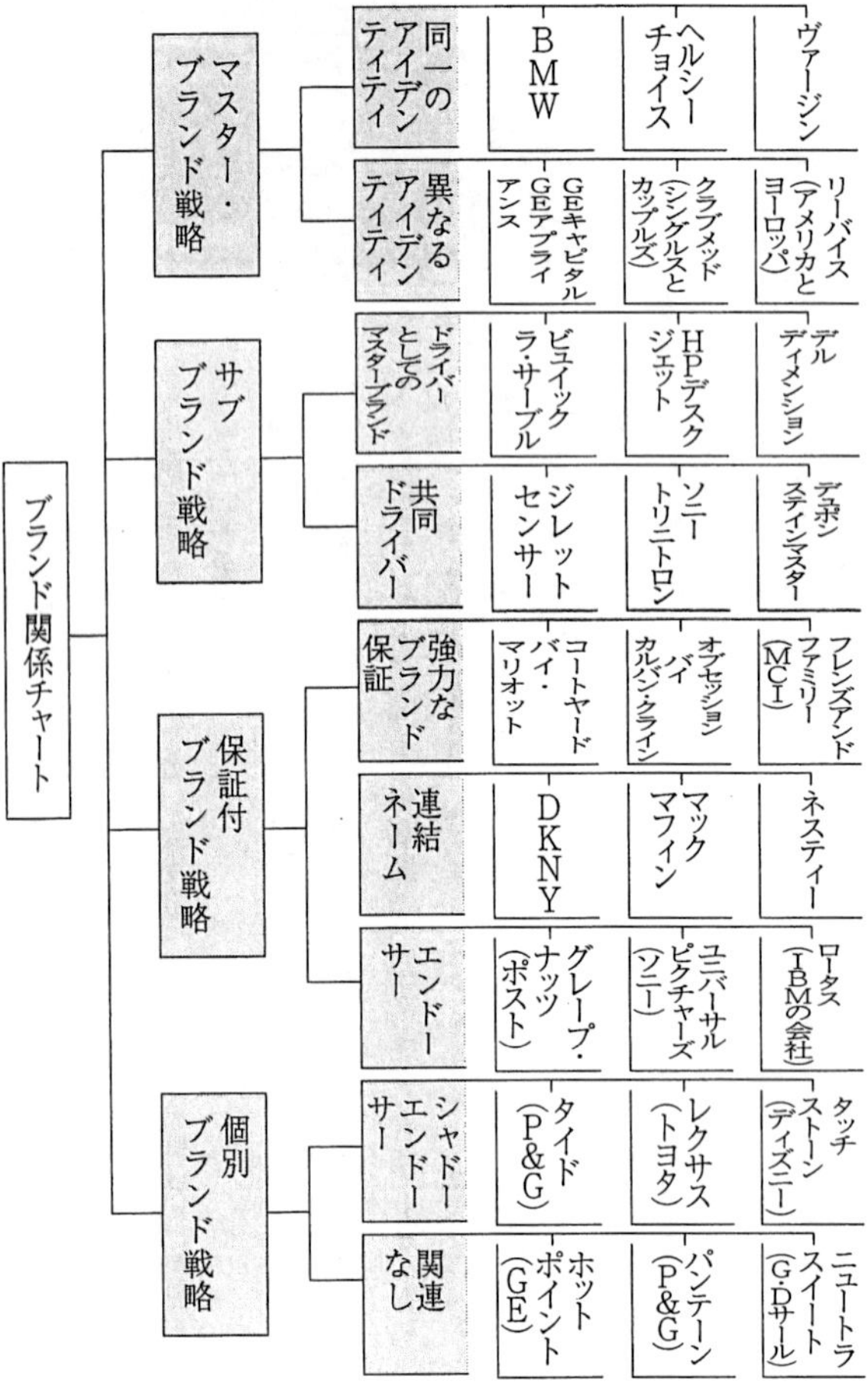
ブランド関係チャート
マスター・ブランド戦略
同一のアイデンティティ
BMW
ヘルシーチョイス
ヴァージン
異なるアイデンティティ
GEキャピタル GEアプライアンス
クラブメッド（シングルスとカップルズ）
リーバイス（アメリカとヨーロッパ）
サブブランド戦略
ドライバーとしてのマスターブランド
ビュイック ラ・サーブル
HPデスクジェット
デル ディメンション
共同ドライバー
ジレット センサー
ソニー トリニトロン
デュポン ステインマスター
保証付ブランド戦略
強力なブランド保証
コートヤード バイ・マリオット
オブセッション バイ カルバン・クライン
フレンズアンドファミリー（MCI）
連結ネーム
DKNY
マックマフィン
ネスティー
エンドーサー
グレープ・ナッツ（ポスト）
ユニバーサルピクチャーズ（ソニー）
ロータス（IBMの会社）
個別ブランド戦略
シャドーエンドーサー
タイド（P&G）
レクサス（トヨタ）
タッチストーン（ディズニー）
関連なし
ホットポイント（GE）
パンテーン（P&G）
ニュートラスイート（G・Dサール）

●個別ブランド戦略（house of brands）
●保証付ブランド戦略（endorsed brand）
●サブブランド戦略（subbrands under a master brand）
●マスター・ブランド戦略（branded house）

個別ブランド戦略以外は何らかの企業ブランドの関与のあるカタチであり、企業ブランディングとしてのバラエティがある。

さて、アーカーはこれら四つのブランド戦略ついて、次のように述べている。要点だけをピックアップしてみる。

●個別ブランド戦略（house of brands）

マスターブランド戦略と個別ブランド戦略を対比すれば、ブランド体系の両極端を明確に説明できる。マスターブランド戦略では、説明サブブランドを付加するだけで一連の製品に拡張できるように、キャタピラー、ヴァージン、ソニー、ナイキ、コダック、ヘルシーチョイスなどといった一つのマスターブランドを使用する。それに対して個別ブランド戦略は、独立した、他と結びついていないブランドから形成される。

個別ブランド戦略では、独立したそれぞれの単独ブランドが市場において影響力を最大化する。P&Gは個別ブランド戦略であり、P&Gとのつながり、もしくはブランド同士のつながりがほとんどない八〇以上のブランドを展開している。これによりP&Gは、単一ブランドを複数の事業で活用する規模の経済とシナジーを犠牲にしていることになる。さらに自分で投資できないブランドは、停滞したり消滅したりする危険があり個々のブランドを狭い範囲に限定しがちでブランドレバレッジ効果を犠牲にしている。

しかしP&Gの個別ブランド戦略では、ブランドを機能便益で明確にポジショニングすることで、ニッチセグメントを支配できる。

個別ブランド戦略を用いる理由は、機能的便益のポジションでニッチ市場にターゲットを設定できることだけではない。

・製品と矛盾するブランド連想を回避する。バドワイザーといえばビールを連想するので、バドワイザーコーラは成功しないだろう。

・新しい製品の画期的な優位性を示す。高級車を独立したレクサスという名前で売り出すというトヨタの決定により、レクサスをトヨタのあらゆる先行商品と区別した。

・重要な便益を反映する強力な名前を使うことにより、新しい製品カテゴリーの連想を獲得する。

・チャネル間の対立を回避、または最小にする。ロレアルはランコムブランドをデパートと専門店のみにとどめている。

＜シャドウエンドーサー（Shadow endorser ＝陰の裏書保証者）＞

シャドウエンドーサーブランドは、保証付ブランドと目に見えるカタチで結びついてはいないが、多くの消費者がつながりを知っているというブランドである。個別ブランド戦略におけるこのサブカテゴリーでは、連想の混合を最小限に抑えながらも、有名な組織がブランドの後ろ盾になっていることによって何らかの優位性がひきだされる。そのつながりが発見されたとしても、ブランドが目に見えるように結びつけられていないということが重要である。

シャドウエンドーサーの有用性を示す例としてはレクサスがある。トヨタがレクサスを製造していることを知っている人は、トヨタの財務的な強さと実績がレクサスをサポートしていることを知っているので安心する。しかし、レクサスはトヨタとのつながりが目に見えるようになれば減少してしまう自己表現便益も提供している。目に見えるつながりがないという事実が、レクサスがトヨタと異なるブランドであることを示している。これはまた、ブランドのつながりを想起させるような記憶の手がかりがないということも意味する。そうした手がかりがなければ、そのつながりが保証付ブランドに影響を与えることはほとんどない。

●保証付ブランド戦略（endorsed brand）

保証付ブランドは独立しているが、それと同時に多くの場合、組織ブランドによって保証されている。

エンドーサーは何か差異を生み出すのだろうか。イギリスの菓子ブランドに関するある研究では、組織ブランドのブランド保証が利益を生むという実証的な証拠が得られた。最も高い評価を受けたキャドバリーは、さまざまな著名な菓子製品を一貫して保証していた。第二位はマース、第三位はネスレであった。この研究の結論は、ブランド保証は有効であり、当該製品クラスにおいて信頼を置かれた組織からのブランド保証が最善であるというものであった。

●サブブランド戦略（subbrands under a master brand）

サブブランド戦略もブランド体系における強力なツールであり、顧客に適切な連想を与えることで、ドライバーの役割を果たすことができる。マスターブランドをより差別化し、顧客をひきつけるような連想を生み出すことができる。

インテルは、新製品が先進的な新世代のチップであることをアピールするために、ペンティアムというサブブランドを考案した。

またサブブランドは属性や便益に関する連想を付け加えたり、勢いやパーソナリティを付け加えたり、ユーザーとの結びつきを提供したりすることによって、マスターブランドのイメージを変更することもできる。

サブブランドは、マスターブランドの連想に対して大きな影響力を持っており、そのことはリスクにもチャンスにもなりうる。

ここでアーカーは、具体的な例として次の三つをあげている。

サブブランドがマスターブランドと対等なドライバーの役割：ソニーウオークマン

サブブランドが意味のあるドライバーの役割：コンパックプレサリオ（現在のヒューレットパッカード）

説明のみ：GEジェットエンジン

●マスターブランド戦略（branded house）

ヴァージンはマスターブランド戦略を使っている。ヴァージン航空、ヴァージンイクスプレス、ヴァージンラジオ、ヴァージン鉄道、ヴァージンコーラ、ヴァージンジーンズ、ヴァージンミュージックなど多数のブランドがある。クラフト、ソニー、ホンダ、アディダス、ディズニーなど。この戦略を選択すれば、確立された既存のブランドを活用し、新製品への投資は最小限ですむ。

しかしこの戦略にも限界はある。リーバイス、ナイキ、三菱などのブランドにみられるように、ブランドが広範な製品ラインに拡張されれば、企業が特定のグループにターゲットを設定する能力がやむなく制限され、妥協がなされる。さらにマスターブランドがつまずくと売上と利益に極めて大きな影響が出る。しかし、マスターブランド戦略ではブランド体系の三つ目の目標である、明確さ、シナジー効果、レバレッジ効果が強化されるのである。

ここでアーカーは、マスターブランド戦略の功罪に関して次のように言及している。

＜マスターブランドは製品に貢献するか＞
マスターブランドは価値提案に貢献する連想を追加したり、製品に対する信頼性を提供したり、知名度を共有したり、コストの優位性をもたらすコミュニケーションの効率性を生み出したりすることによって、付加価値を生む。

＜価値提案を強化する連想＞
マスターブランドによって、製品が顧客の目により魅力的に写るようになるだろうか。マスターブランドの好ましい連想を、新しい製品に移行することができるか。イエスであれば、新しい状況においてブランドイクイティを活用できる。ブランドが新しい状況にその連想を貸すことができる能力を評価するためにはブランド拡張分析が必要となる。（後述）

製品カテゴリーを超えて拡張するブランド――「Virgin」

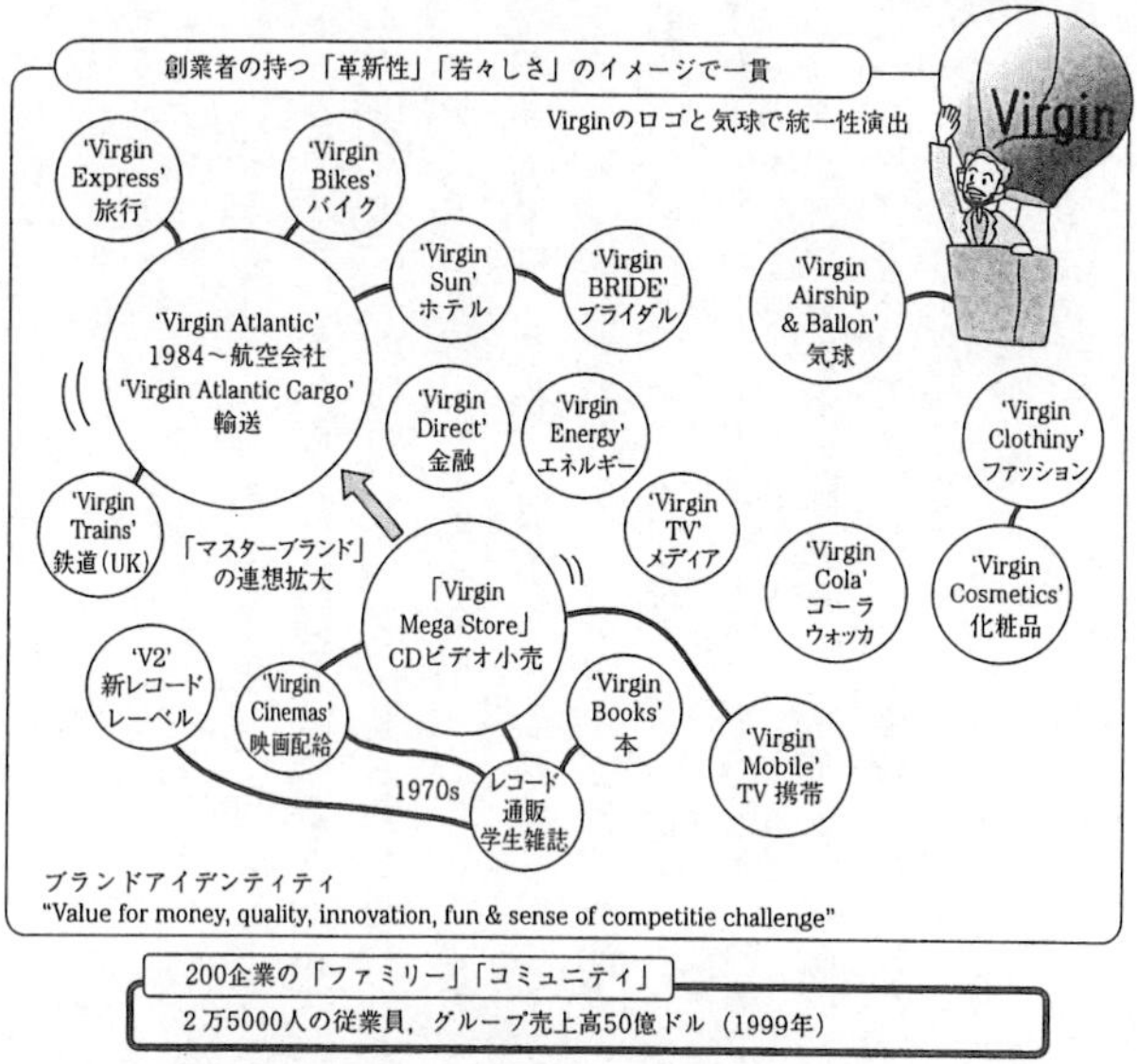

出所：小川孔輔『よくわかるブランド戦略』，p.99より。

〈組織連想を通じた信頼性〉

ブランド、特に新しいブランドには二つの課題がある。第一に、適切で説得力のある価値提案を創造しなければならない。第二に、価値提案を信頼性のあるものにしなければならない。最も重要な組織連想は、「品質」、「革新」、「顧客に対する配慮」、「グローバル性」、「信頼性」である。

〈知名度〉

ブランド、特に新規参入ブランドには知名度が必要である。既存のブランドは高い知名度を獲得しているが、それを新規事業分野にいかにして結びつけるかである。

＜コミュニケーションの効率性＞

ブランド構築は大きな固定費用を必要とする。広告、プロモーション、パッケージ、ディスプレイ、カタログの作成には時間と人手がかかる。しかし既存のブランドを新しい文脈に導入する場合には、以前のブランド構築活動を適合させたりすることができる。より重要なのは、メディアが近接する市場へ露出することによって生じるシナジー効果である。以下のような条件下では、規模の経済とシナジー効果の潜在力がより大きくなる。

・ドライバーの役割を果たすブランドを支援する総合的なコミュニケーション予算が大きい場合、エンドーサーとして用いるブランドに対するコミュニケーション予算は小さくなり、個々のブランド保証という単位では規模の経済は小さくなってしまう。

・メディアがブランドの文脈を超えて機能する場合。

・意味のあるブランド構築予算がある場合、予算額が小さければシナジー効果の潜在力も小さくなる。

〈マスターブランドは強化されるか〉

使用によって生じるイメージの希薄化を無視してまで、使用するブランド展開やブランド保証の乱用を回避しようとしないならば、ブランドイクイティは損なわれてしまう。ブランドの境界を認識し、過剰な拡張の誘惑に抵抗するために「ノー」と言うことは困難であっても重要なことである。

〈最後に〉

四つのブランド構築の方法を持つブランド関係チャートは強力なツールである。しかし、ほとんどすべての組織が、それらの方法を混同して使用している。純粋に個別ブランド戦略、もしくはマスターブランド戦略だけということはほとんどない。ブランド体系やブランド関係チャートを意識した意思決定の大部分は、企業の事業戦略によってもたらされる。

さて、アーカーの近著、『ブランドポートフォリオ戦略』（5）では、さらにコーポレートブランド戦略について詳しく論述している。いくつか、そのポイントを紹介する。

〈コーポレートブランドでもあり、強力なマスターブランドでもあるデル〉

デルのダイレクトモデルは、顧客が直接デルとコンタクトし、デルの従業員の九〇％は顧客と何らかの接触を持っている。

「デル」ブランドは、同社の製品やサービスのほとんどで主要ドライバーとしての役割を果たし、購買決定を促し、使用経験を定義している。デルの主なサブブランド、「ディメンジョン」、「オプティフレックス」、「インスピロン」、「ラティチュード」、「プレシジョン」などは、ディスクリプター（索引用語）の役割を果たしデル製品の範囲を定義している。結局のところデルのダイレクトモデルを購入しているわけで、サブブランドはあまり関心を払われたわけではない。ダイレクトモデルはデルに大きな差別化を与えた。

ハイテク市場ではサブブランドのイクイティが低い。それは、デル、HP、ソニー、キヤノン、IBM、東芝といったコーポレートブランドが非常に強力で、特に初期段階に大規模に投資があったためである。

コーポレートブランドの役割

アーカーは、コーポレートブランドの役割について、この『ブランドポートフォリオ戦略』のなかで次のように述べている。

「最も重要なのがコーポレートブランドがマスターブランドになる場合である。デルもソニーもマスターブランドとしてレバレッジ効果、シナジー効果、明確さといったブランドポートフォリオの目標を最大化している。さらに企業の組織としての力や独自性を顧客に想起させ、製品ブランドの差別化を生み出している。

二つ目として、コーポレートブランドはエンドーサーとして理想的である。その製品の精神や実体の面で背後から支える組織を象徴しており、機能的にも情緒的にも作用するエンドーサーとなれる。マイクロソフトの事例のようにコーポレートブランドはエンドーサーとして訴える信頼性のあるドライバーの役割も担う。

三番目の役割は、主として金融機関に対して持ち株会社を象徴することである」。

なぜコーポレートブランドを活用するのか

次の七項目にわたって、アーカーはコーポレートブランドの活用についてまとめている。「コーポレートブランドは組織と製品の両方を明示的にはっきりと象徴する特別なものである。ドライバーもしくはエンドーサーブランドとして、ブランド構築に役立つ多くの特性とプログラムをもっている。コーポレートブランドは差別化やブランド活性化要素の創造、信頼性の提供、ブランドマネジメントの促進、製品ブランドの基盤を広げるための関係基盤の提供、幅広い顧客層へのコミュニケーションの支援、そして究極的にはマスターブランド戦略の形成を促す。

第一に、コーポレートブランドは、組織連想において差別化を発揮する（筆者注：大事なことは、マスターブランドとしてのコーポレートブランドは確かに組織連想において差別化するが、サブブランドあるいは製品ブランドにおいてはその限りではないこと）。

第二に、コーポレートブランドは組織プログラムをブランド活性化要素として利用できる。社会貢献やおおがかりなスポンサーシップ活動は製品ブランドと比べてはるかに有利な立場である。これは効果的でかつ効率的であるといえる。

第三に、コーポレートブランドの連想は、信用や好感、そして知覚された専門性に基づく信頼性をもたらす。信頼は特に重要な属性であり、それは製品よりも組織のほうが築きやすい。たとえばウイリアムズ・ソノマやボーイングといった企業は伝統に基づく哲学を実践する長い歴史を持っており強力な信頼性を持っている。

第四に、コーポレートブランドを製品と市場に活用すると、ブランドマネジメントがより容易で効果的となる。それを使用する製品のプロダクトマネジャーはそのアイデンティティを理解し真剣に受け止める意欲を持つ（筆者注：これはケースバイケースであるように思われる。ルイ・ヴィトン傘下のクリスチャン・ディオールやショーメや、エスティローダー傘下のクリニーク、スオッチ傘下のプレゲやブランパンなどはシナジーがあるとブランド価値が下がってしまう）。

第五に、コーポレートブランドがかかわる場合、そのブランドアイデンティティが組織のミッションや目標、価値観、組織文化を支え、そして逆にそれらに支えられることもあるため、社内の従業員にブランドの本質を理解させやすくなる。

第六に、コーポレートブランドは、製品ブランドとは異なる顧客関係の基盤とメッセージをもたらす。この場合、組織ブランドは、組織をとりまく伝統と重要なイクイティを象徴する一方で、製品ブランドが活力源となることを可能とする。

第七に、コーポレートブランド活用の理由として、入社希望者や小売業者、そして投資家などのステークホルダーとのコミュニケーションを促すこともあげられる。ブランドの知名度や会社が推進中の戦略、業績などには、だれもが影響を受けるだろう。ブランドを知っているというだけで安心感がもたらされる。

最後に、コーポレートブランドは究極のマスターブランド戦略を生み出し、単一ブランドを強化する効力のすべてを握っている。単一のマザーブランドがあると、ブランド構築資源を集約でき、市場におけるブランドの影響力も強まる。マスターブランド戦略は、実行可能であれば、常に優先すべき戦略であることを忘れてはならない。」

アーカーの『ブランドポートフォリオ戦略』のなかから、コーポレートブランドをなぜ活用するのか、という点を八つのポイントであらすじだけを記したが、最後にアーカーも、べストなブランド戦略のあり方として単一マスターブランド戦略をあげている。情報、特に商品やサービスの広告情報だけで一日数千、年間にすると二百万にもなる現代、人の記憶能力の限界や企業のコミュニケーションリソースの限界を考えると、ブランドマネジャーやマーケターだけでなく、まさに事業経営の効率化、サステナブルグロースを考える経営者もよくよく理解しておくべき言葉であろう。

また、ブランド論の権威であるアーカーも、二十数年にわたり多くのブランドマネジメントの理論構築を多くの著作で発表してきたが、この著作『ブランドポートフォリオ戦略』では、これまでになくコーポレートブランディングに関する分析、提言が多い。カプフェレが、日本のブランディングと欧米のブランディングの大きな差を指摘し、著作『ブランドマーケティングの再創造』でそれを「二つの文化」と呼んだ頃は、これほどのコーポレートブランディング志向はなかった。

さらに、アーカーが、この著作で強調している「コーポレートブランドマネジメントの課題」について触れてみたい。

コーポレートブランドマネジメントの課題

＜価値提案の創造＞

事実上、価値提案がないといえるコーポレートブランドが多すぎるほどある。このブランドは適切な製品やサービスを提供し、信頼できて大規模な安定した企業であるが、差別化ポイントがなく、時には官僚主義的で重々しい印象を与える。このようなブランドは脆弱である。強いコーポレートブランドとは、差別化と顧客関係を支援する価値提案をもたらすブランドである。

コーポレートブランドが最もよく機能するのは、それが機能的便益を提供するときである（筆者注：この企業の持つ製品群が、このコーポレートブランドが包み込めるだけのカテゴリーであるうちはよいが、キヤノンのように、一眼レフカメラ、デジタルムービーカメラ、インクジェットプリンター、デジタルカメラと幅広い多くのカテゴリーを有す場合はなかなか難しく、差別化提案は難しくなる）。コーポレートブランドは、情緒的または自己表現的な便益をもたらすこともできる。

＜マイナスイメージの回避＞

コーポレートブランドの活用におけるリスクは、その活用から生じるブランドイクイティが、目に見えるマイナスイメージに弱いということ。水源の汚染に直面したペリエ、石油流出事故を起こしたエクソンバルデス、喫煙による健康問題のフィリップモリス、タイヤ事故を起こしたファイアーストーンなどの場合、企業の対応がコーポレートブランドに影響を与えた。コーポレートブランドがデル、ヴァージン、東芝のように高度に活用されている場合、すべての意思決定や行動に際して組織全体でこのリスクについて神経を使う必要がある（筆者注：まさに筆者の考えるブランド、特にコーポレートブランディングのリスクマネジメントシステムとしてのレピュテーションマネジメントの問題である。本書の第四章を参照のこと）。

∧異なる文脈でのブランドマネジメント∨

コーポレートブランドは、さまざまなステークホルダーに対し組織を代表する以外にも多数の製品ブランドと関係している。たとえばGEは航空機エンジン、電化製品、そして金融サービスの分野で戦わなければならない。一つのコーポレートブランドがいかにそのような多数の仕事をこなすことができるのか。その答えは、競争を勝ち抜くべく、ブランドイクイティを各文脈に適応させることである。しかしこのプロセスは、矛盾する観点がかかわっているため容易でない。

ブランド・タイプとブランド戦略の関係

ブランドのタイプ	企　業	ファミリー	製　品
機　能	BIC，GE	ジレット（マッハ3，センサー，アトラ）	タイド，チアー，エラ（P&G）
イメージ	ラルフ・ローレン，アンダーセン・コンサルティング	GM（シボレー．オールズ，ビュイック，キャデラック），BMW（3，5，8シリーズ，Z-3，X 5）	コーク，スプライト（コカ・コーラ）
経　験	サターン，スターバックス，グリーン・マウンテン	レタス，エンターテイン・ユー（スクージ，ベンパオ，モナミガビ，パンプルーム）	リッツ・カールトン，フェアフィールド・イン（マリオット）

出所：『ケロッグの総合マーケティング戦略論』，p.22。

さまざまな文脈に共通する一貫性の創造は可能であり、実施されるべきである。コアアイデンティティと拡張アイデンティティはどこでも機能しなければならない。しかしいくつかの要素は同じかもしれないが、特定の製品や市場で機能するには異なるひねりが必要である。したがってGEアプライアンス（筆者注：GEの家電部門）とGEキャピタル（筆者注：GEの金融会社）が意味するイノベーションとは異なるだろう。おそらくGEエアクラフトのエンジンは他事業部ではみられない技術的次元を有している。

＜コーポレートブランドのアイデンティティの創造＞

コーポレートブランドはあるイメージをもって始まるが、そのイメージをブランドアイデンティティの方向、すなわちコーポレートブランドがその役割を果たすべく、こうありたいと企業が考える一連の連想へと移行させることが望ましい。これを実現するには、ブランドアイデンティティを開発する必要がある。こうありたいと思う連想のうち、短期的にはどれが最も重要で、ポジショニングのための戦略的基礎とするべきか。長期的にはどの連想が最も重要で、戦略的取り組みを先導するべきか。以下のような論点によって変わる。

●企業がもたらすものは何か。開発遂行する企業の能力と動機を考えた場合、信頼できるものは何か。

●顧客の共感を得られるものは何か。

●事業戦略とコーポレートブランドが果たすべき役割を支えるものは何か。

コーポレートブランドのアイデンティティとポジションは、積極的にマネジメントされる必要がある。企業によっては、コーポレートブランドに対して事業部から自動的に予算が回ってこないため、いわば孤児のようになっている。ブランド構築のためには、ブランドマネジャーを配置し、必要な資源を与え、企業全体にわたって一貫性とシナジーを得るための権限を与えることが重要になっている（筆者注：いかにも米国の企業がコーポレートブランドを重要視していない歴史と現状がうかがえる。化学大手のデュポンは、B2Bの企業であるが、多くの製品ブランド、テフロン、コリアン、ライクラ、ケブラーなど独自のコミュニケーション活動を行いながら、コーポレートブランドのデュポンのコーポレートコミュニケーションも行っている)。

コーポレートブランドの重要な機能として、サブブランドや製品ブランドの品質などの裏書保証的役割がある。この点について、アーカーの『ブランドポートフォリオ戦略』をみてみよう。

●エンドーサーの役割

コーポレートブランドは組織を代表し、いくつかの製品市場において信頼があるためエンドーサーの役割を担うことができる。マリオットやGEといったブランドはある分野ではエンドーサーとなり、また別の分野では製品ブランドとなっている。

●エンドーサーの役割の強化

クラフトフーズ(筆者注:米国最大の総合食品メーカー)の取り組みをみてみよう。九〇年代後半、クラフトフーズはコーポレートブランドの役割をブランドポートフォリオ全体にわたって高めた。それ以前は、チーズほか数カテゴリーのマスターブランドであり、フィラデルフィアそのほか三つのカテゴリーのエンドーサーブランドにすぎなかった。これに加え一二のカテゴリーのエンドーサーとなった。健康的、家庭志向、信頼できる、というクラフトのパーソナリティに適合させるべくイメージを調整していった。クラフトブランド強化のために五千万ドルにのぼる大がかりなキャンペーンが展開され、クラフトが幅広い確固としたアンブレラブランド（傘ブランド）となるプロセスを支えた。

クラフトブランドはさらに拡大を図り、オスカーマイヤー（筆者注：ハム、ソーセージなど食肉加工）、マックスウエルハウス（筆者注：米国最大級のコーヒーブランド）、ジェロー（筆者注：有名なデザートブランド）など数多くのブランドの示唆的エンドーサーにもなった。さらに、欧州で買収したチョコレートのミルカ（筆者注：欧州でのトップコーヒーメーカーで、かつネスレに次ぐチョコレートメーカー旧ヤコブスシャール社）のブランド保証を行ってグローバルブランドへの育成を試みた。

ここで、ノースウエスタン大学の経営大学院ケロッグスクールの教授たちの著書『ケロッグの統合マーケティング戦略論』（7）より四章の「ブランド創造とマネジメント」よりコーポレートブランドと製品ブランドの関係を読んでみよう。

ブランド戦略

「ここでわれわれは、通常使われる三つの戦略に焦点を当ててみる。①企業ブランド（一つの企業ブランドをすべての製品に使用する）、②ファミリーブランド（一つの製品カテゴリーで複数のブランドを使用し、それらを共通のファミリーネームに結びつける）、③製品ブランド（同一の製品カテゴリーのいくつかの製品に各々独立したブランドを使用する）。企業ブランドは企業に焦点を当てるものであるが、この戦略は経験ブランドにとって特に魅力的である。なぜならブランドは製品との関係ではなく企業との関係をあらわすからである。

ラルフローレン、アンダーセン（筆者注：現在のアクセンチュア）などのイメージブランドにとっても、企業ブランドは魅力的である。英国スタイルの家具と衣類を販売することによって、ラルフローレンブランドは製品の機能的特徴にかかわるものというより、生活様式にかかわるブランドであるという観念が補強される。企業ブランドの下にあるすべての製品が、そのブランドが引き起こすブランド連想と矛盾のないものでなければならない。

ファミリーブランド戦略は、企業名はより限定的な製品ベースの名前と結び付けられる。一般的には、ユーザーセグメントが比較的明瞭であり使用機会が分かれておりブランド間の目だった共食いを起こさない場合には、ファミリーブランドが最良の方法である。

最後のブランド戦略は、複数の製品ブランドを親会社の結びつきなくマーケティングすることである。P&Gは洗濯洗剤をマーケティングするにあたりこの方法を使用している。タイド、チアー、エラは同じ会社で作られているにもかかわらず、ほとんどの消費者は同じ会社で作られていることを知らない。ホテルの価格帯のほぼ両極端にあるリッツカールトンとフェアフィールドインをマリオットが所有していることはほとんどの消費者は知らない。

製品ブランドは大成功する可能性があるが、複数の関連性のないブランドをつくるためには、巨額の資金を必要とする（筆者注：筆者の体験からは、千円以下の消費財の場合、一つのブランド（NB）をテイクオフさせるためには、すくなくとも二、三年かかり、約八〇億円のマーケティング経費を要する）。

ブランドは会社と顧客の橋渡し役であり、企業が作り出す価値のシンボルである。」

P&Gがコーポレートブランドに目覚めた

『ブランディングは組織力である』（8）ハーバードビジネスレビューの訳したこの本の第一章、バージニア大学のハッチ教授とコペンハーゲンビジネススクールのシュルツ教授の「コーポレートブランドの戦略的価値」で、P&Gの変貌が語られた。

「二〇〇〇年、P&Gはある販売促進用のパンフレットを配った。ただしそのパンフは以前のそれと違って表紙にはP&Gの主力製品二〇種類がはっきり目立つように、かつ同社のイメージを象徴するように統一されて表現されていたのだ。

そもそもP&Gは、あらゆる商品は、ただちに個々に認知されるくらいの独自性が必要であるという伝統的な販売コンセプトに従って成長してきた企業である。

P&Gの新しいパンフレットのイメージが同社の方向転換を示しているのであれば、コーポレートブランディングに成功している大企業に比肩しうるだろう。

最近、コーポレートブランドはきわめて価値の高い資産として認識されつつある。実際、強力なコーポレートブランドを有する企業の株式は、簿価の二倍以上の市場価値を誇っている。」

「戦略の星」によってコーポレートブランドを育成する

コーポレートブランドはプラスアルファの要素が必要になる。過去一〇年間にわたって世界各国の企業一〇〇社を対象に調査したところ、強力なコーポレートブランドを構築するには、三つの基本要素が相互に作用しながら整合される必要があることが判明した。その三要素とは「ビジョン」、「企業文化」、「イメージ」であり、これを「戦略の星」(Strategic Star)と呼んでいる。

これら三要素を整合させるために経営陣はスキルと意志を、その目標達成に向けて集中させなければならない。なぜなら、経営陣、社員、ステークホルダーという三つのグループが戦略の星の原動力として機能している。

コーポレート・ブランディング・ツールキット

ここでシュルツ教授は、コーポレートブランドを効果的に構築するには、まず経営陣が「ビジョン」、「企業文化」、「イメージ」の間にあるギャップを明確に理解しておかなければならない、として、三つの質問グループをつくり（コーポレート・ブランディング・ツールキット図を参照）、自社について診断するツールを準備した。これは非常に有用なものだ。

第一グループ：ビジョンと企業文化のギャップを確認する。経営陣と社員はどのくらい息が合っているのか。

第二グループ：企業文化とイメージのギャップを確認する。社員の姿勢と社外の評価のギャップ。

第三グループ：イメージとビジョンのギャップを確認する。ステークホルダーの望んでいる方向に経営陣が会社を運営しているか。

コーポレート・ブランディング・ツールキット

コーポレート・ブランディング戦略を最大限に活用するためには，ビジョン，企業文化，イメージという3つの基本的な要素が整合していなければならない。3つの「戦略の星」を整合させるには，経営陣のスキルと意志を集中して取り組む必要がある。そして会社の有権者層を構成する3つのグループがそれぞれの要素を駆動する力となる。

経営陣の会社に対する願望

ビジョンと企業文化のギャップ

- 貴社は、掲げた価値観を実践していますか?
- 貴社のビジョンは、社内のあらゆるサブ・カルチャーに浸透し、影響を与えるものですか?
- 貴社のビジョンと企業文化は、競合他社のそれと区別できますか?

- 貴社のステークホルダーはだれですか?
- 貴社のステークホルダーは、貴社に何を求めていますか?
- 貴社のステークホルダーにビジョンをきちんと伝えていますか?

中央図:
- ビジョン(経営陣)
- 企業文化(社員)
- イメージ(ステークホルダー)

イメージとビジョンのギャップ

企業文化とイメージのギャップ

企業文化
組織の価値観、行動、姿勢、すなわち、あらゆる階層の社員が自分たちの働く会社についてどのように感じているかである。

- ステークホルダーは、貴社にどのようなイメージを抱いていますか?
- 貴社の社員とステークホルダーは、どのようなシナジーを生み出していますか?
- ステークホルダーが貴社についてどう思っているか、社員たちも関心を持っていますか?

イメージ
外部の世界が会社に対して抱く全体的な印象。これには顧客、株主、マスメディア、一般大衆など、あらゆるステークホルダーが含まれる。

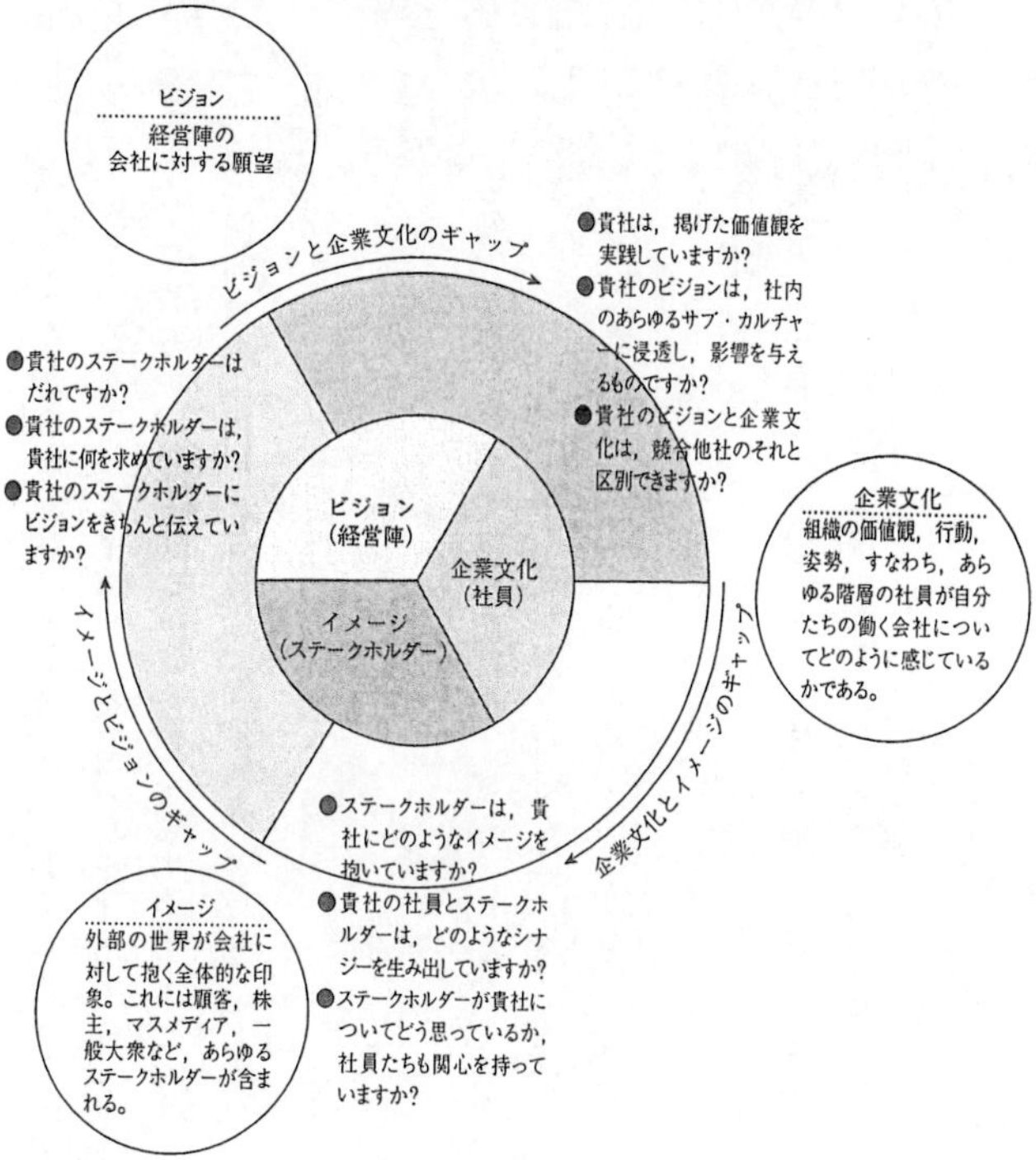

出所：『ブランディングは組織力である』，p. 8 より。

簡単そうな質問に見えるがなかなか大変で、すべてのグループでインタビュー、フォーカスグループセッション、その他あらゆる情報を収集し分析をするものである。どこに大きな問題があるか、ギャップがあるか、経時的にチェックをしておくと、マネジメントに極めて有用である。これは、個別ブランドで定期的に行われるブランドブループリントのコーポレートブランド版である。

日本のブランディング

まずは、ブランド論の大御所、デビッド・アーカー氏が一〇年ほど前に著した著書『ブランド優位の戦略』(9)より、日本企業のブランド戦略に関して鋭く指摘している部分を紹介したい。われわれ日本人の観点とやや異なるところがあるが、大変興味のある指摘である。

日本企業のブランド戦略

アーカーは日本企業のブランド戦略について、組織連想を強く引き出すアイデンティティを有するとみており、しかし、外国の企業とはかなり異なった見地から、ブランド戦略をとらえていると考えている。

「〈イメージの強迫観念〉

日本企業が重点を置くアイデンティティの次元は、企業間で著しく類似する。最も優先させることは、革新的であること、成功していること、そして社会的責任である。

・革新性…まねるのは早いが革新はあまり得意ではない、という日本企業の古いイメージは、今日ではまったく正しくない。じっさいのところ、日本企業は革新性をもたらすコアコンピータンスを開発することに重点を置いている。目標は実際に革新を支援することに加えて、信頼できる革新性を想起させるシグナルを開発することである。

・成功とリーダーシップ…顧客は、製品の品質について安心するだけでなく、成功している企業のプレステージ（名声）と自分たちを結びつけるためにも、成功していて名の知られた企業と取引したがっていると日本の企業は考えている。日本では、テストマーケティングにおいて、企業ブランドを製品のエンドーサーとして使ったときにのみ、そのブランドがうまくいったというケースが多くある。なぜなら、大企業のプレステージと信用が不可欠の要素となるからである。

・善良な企業市民…日本企業は、環境に対して責任を持ち、芸術やその他の市民プログラムや運動を支援することによって、彼等が善良な市民であると証明することに関心を持っている（筆者注：この本の書かれたバブル期にはメセナが一部はやった）。

・理念の拡大…日本企業は製品やサービスにかかわるものと遠くかけ離れた問題や価値観に焦点をあてることで、自分たちの組織を人格化することに積極的である。
・関係性マーケティング…アメリカの企業にとって、関係性の構築は、顧客とより身近になり、彼等が抱える問題を理解し、対応プログラムを開発することを基本にしている。
・日本において企業ブランドを構築する努力は、しばしば主に現在と将来の従業員を対象にして行われる。日本企業は、従業員が企業の価値、目的、過去の成功、そして未来の目標によって自分たちの企業を誇りに思うことをきわめて重要なことだと考えている。企業は、この誇りを持った従業員が、より効率的に行動し、またより動機付けられそして日本的経営方式の真髄である組織の活動と文化に賛同するであろうと確信している。それゆえに日本における企業広告は、主としてその対内的影響を基礎に正当化されるのである。欧米において従業員が企業広告活動の重要な受け手であると考えることはほとんどない。
・戦略的かつ組織的な変化の刺激…日本企業はしばしばコーポレートアイデンティティ（CI）活動を行う。その目的は、広範囲な部門の従業員におけるコーポレートアイデンティティのあるべき姿に対するコンセンサスを得るためである。その過程は、従業員の間に「賛同する」ことを意識させるためのコーポレートアイデンティティを導き出すだけではなく、それは組織内の変化やリニューアルを刺激するための手段になる（筆者注：この現象も八〇年代に特徴的にあったが、現在はずっと減少している)。

＜広がる企業ブランド＞

日本では、企業はその名前をあらゆるところにつける。三菱はそれ一つで、実に何万ものブランドにその名前をつけている。それゆえペアレントネームは異なった状況の中でまったく異なったものを意味しながら、融通性のあるものになる。しかしながら、どのような競争環境でも、製品や売上においてリーダーとなりうる成功した大きな企業という共通したコアが、各々のサブブランドの背後に存在する。

＜企業ブランドファミリーの永続性＞

日本においては、企業が売却されることは滅多にないため、企業とその製品構成は真の永続性をもつ。日本の企業にとって自らの事業の範囲における大きな変化はなさそうだという情報を確保して、企業ブランドに投資をすることは容易である。対照的にGE、ゼネラルミルズ、といったアメリカ企業は、ポートフォリオ上の製品とブランドのファミリーに対して一時的に関与するだけにすぎない。彼等が進んで企業の売買を行うことは、それによってそのコーポレートアイデンティティが変化するため、アメリカにおいて企業ブランドに対する投資を正当化することを難しくしている。」

『よくわかるブランド戦略』(10)で、小川孔輔氏は、日本企業の代表的なブランド観、企業ブランド経営について、日本の企業は、従来から一貫してコーポレートブランドを貫いてきたのに、最近特に声高に「コーポレートブランド経営」について経営トップが語っている理由を、三点あげている。

一つは、コミュニケーション効率の点。ブランドを育成するには、長い時間とお金が必要になる。大手メーカーでも広告宣伝に投下できる費用は限られており、またインターネットの普及などで、これまでのメディア、TV、新聞などのコミュニケーション効率もおちてきて、もともと潤沢ではないマーケティング費用を効率的に使うために、各ブランドごとに分割していた費用を集中して企業広告に振り向けた方が効率的だという理由。

二つ目は、そうやってコーポレートブランドが強化されれば、商品ブランドをコーポレートブランドの笠の下に置こうという考えである。強化されたコーポレートブランドで、商品ブランドの品質を裏書保証するという考え方。

三つ目は、従業員へのモチベーション。従業員のロイヤルティをコーポレートコミュニケーションでしっかりつなぎとめようという考え方である。

第3章　コーポレートブランド・製品ブランドの関係のこれから

アル・ライズの企業ブランド論

一九八三年、アメリカマーケティング界にポジショニング旋風を吹かせたアル・ライズは、その著『ブランディング22の法則』（1）のなかで、コーポレートブランド、製品ブランドの関係に絶対的な理由がない限り、ベストなブランディングについて、次のように述べている。

「企業名をどのように使用したらいいかという課題は単純であると同時に複雑でもある。単純であるというのは、それらの法則が明快だからである。複雑であるというのは、多くの企業がブランディングの単純な諸法則に従わず、論理に逆らってブランドか会社かという果てしのない論争を続けているからである。

ほとんどの場合、ブランド名を企業名より重視すべきである。消費者はブランドを買うのであって、企業を買うわけではない。したがってブランド名として企業名だけが使われている場合（たとえばＧＥ、コカコーラ、ＩＢＭ、ゼロックス、インテルなど）、顧客はこれらの名前をブランドとみなしている。

あなたが企業名を終始一貫してブランド名と組み合わせて使うときは、ブランド名が主、企業名が従とみなされる。ちゃんとしたブランド名がある時、顧客が滅多に企業名を使わないことはちょっと観察してみるとわかる。…このことを前提にすると企業はブランドとして使われない限りあくまで企業であり、ブランドはブランドである。両者の間には違いがある。企業とはブランドを製造ないし生産する組織体であってブランドそのものではない。…まさしくそのとおりではあるが、ブランディング戦略としてこれは必ずしもベストであるとはいえない。ほかのやり方をすべき絶対的な理由がない限り、ベストなブランディング戦略はあくまで企業名をブランド名として使う方法である（筆者注：たとえば「ＢＭＷ」、「コカコーラ」などは、その典型であろう）。…顧客はレクサスをつくっているのがホンダであるか、トヨタであるか、日産であるかを気にするだろうか。…さらに深い問題がある。ブランドとは単にメーカーがパッケージにつける名前といったものではない。ブランド商品そのものなのだ。顧客にとってコカコーラとは何よりもまず黒ずんでいて甘い赤褐色の液体である。ブランド名は顧客がその液体を説明するために使う言葉である。壜の中味こそがブランディングに当たっての最も重要な要素である。コカコーラはこの液体そのものをブランド化している。…あなたはブランドそのものに関心を集中させるべきである。企業名を使う必要があるというなら使ってもいい。しかしながらそうするときにはあくまでも脇役として使うことを心がけるべきである。」

これは、アル・ライズという典型的なアメリカ型マーケティングの推進者、コンサルタントだから当然のことと思われるであろうか。

ブランドがブランドとしての役割を最善の姿で果たす…コーポレートブランドであれ個別製品ブランドであれ、ひとつの名前、記憶、連想、思い、満足感、感情が何の疑問も、違和感もなく完璧なカタチで顧客の心に再現されることが、最も強力なロイヤルティを形成できる可能性がある…そのときは一つの記号、信号、シンボルであるそのブランドに集約し、強い信頼が、疑いや迷いもなく顧客に確信される。確率的にいっても、二つの名前、つまり製品ブランドとそのマザーブランド（コーポレートブランドの場合が多いが）という二つの異なったブランドに同じように想いを持たれることは少ないであろう。

ブランドポートフォリオ戦略

アメリカのノースウエスタン大学ケロッグスクールの准教授、ティム・カルキンスは、『ケロッグ経営大学院ブランド実践講座』（2）のなかで、「ブランドポートフォリオ戦略」

の重要さを論じている。

ブランドポートフォリオ戦略とは、企業の継続的成長（サステナブルグロース）を実現するためにさまざまなブランドやブランド要素をどのように活用するかを定めること、いってみればブランドの優先順位、資源の配分、投資順位を決めていくということである。ここで、カルキンス准教授は、マスターブランド、サブブランド（マスターブランドの下位にあって、マスターブランドの差別化をもたらす製品、サービスに使われる。「フォードマスタング」、「パナソニックヴィエラ」、「シャープアクオス」など）という要素を活用、ブランド構造を最適化しようとする企業の意思決定を説明している。ここで、すこしカルキンス准教授のブランドポートフォリオモデルを紹介したい。

個別ブランド戦略

個別ブランド戦略は古典的であるが強力なモデルである。このモデルを採用する会社は多くのブランドを保有しており、同一カテゴリーに複数のブランドを保有するケースもある。カニバリゼーションと重複を避けるためにそれぞれに明確なポジショニングが与えられる。

P&Gは伝統的に個別ブランド戦略を採用しており、P&Gブランドは製品には使用されない。洗濯用品のカテゴリーでは、タイド、チアー、ゲイン、ドレフト、アイボリーという五つの洗剤ブランドをはじめとして九つのマスターブランドを北米で展開している。

ＬＶＭＨグループも個別ブランド戦略を採用しており、ファッション、酒、時計などのカテゴリーでルイ・ヴィトン、ダナ・キャラン、モエ・シャンドン、ドン・ペリニオン、タグ・ホイヤー、ゼニスなど五〇以上の高級ブランドを保有している。ＬＶＭＨストア、ＬＶＭＨカードなどというものは存在しない。

これら個別ブランド戦略の最もはっきりしたメリットは、個々のブランドが、固有の製品提案とポジショニングで顧客グループを正確にターゲティングできること。また、個別ブランドに何か問題が起こってもリスクを個別ブランドだけにとどめるという意味で、最小にすることができる。

デメリットとしては、複雑であるがゆえに管理が難しい。ＧＭ（ゼネラルモーター）は個別ブランド戦略のリスクが露呈した例。キャデラック、ビュイック、オールズモビル、ポンティアック、シボレーというブランドのヒエラルキーはいつの間にか崩れて、ビュイック、オールズモビル、ポンティアックというマスターブランドは、ブランドの差別化ができないままに姿を消してしまった。

マスターブランド戦略

マスターブランド戦略は、単一のマスターブランドをさまざまな製品やカテゴリーで使用する。ほとんどの場合、企業名とマスターブランド名は同一である。

デルはマスターブランド戦略を採用している。デスクトップ、ノートブックパソコン、サーバー、モニター、プリンターなどすべての製品をデルブランドで展開している。

ヴァージングループもマスターブランド戦略を採用している。このブランドは一九七一年、英国のビジネス界を代表するリチャード・ブランソンによって生み出された。ヴァージンはロンドンのレコード店を手始めにさまざまなビジネスを手がけ、レコード・レーベル、航空会社（ヴァージンアトランティック航空）、携帯電話会社などを立ち上げて、世界で最も適用範囲の広いブランドの一つになっている（筆者注：二〇〇七年現在のHPでは、七つの異なるジャンルで合計三六社にわたる）。

マスターブランド戦略には数多くのメリットがある。そのなかでも最も重要なのは、一つのブランドに注力できることだ。さらに、マスターブランド戦略は規模の経済を最大化する。規模の大きさがマーケティング活動の効率を高めるし、グローバルで成功するのに必要な投資規模にも到達しやすくなる。

このようなメリットがあるにもかかわらず、マスターブランド戦略の実行を阻むいくつかの難問が存在する。そのなかで最大の問題は、ブランドが焦点と差別性を失う恐れがあることだ。マスターブランド戦略を採用すると、企業は新ブランドの導入への関心を失い、すべての新製品や活動をマスターブランドで展開する結果、コアとなるブランドがあらゆる方向に拡張してしまうのだ。その結果、すべての人をターゲットにした、特別の約束をしないブランドが生まれ、ブランドポジショニングは弱体化する。マスターブランド戦略には、一つのブランドに依存するというリスクも存在する。マスターブランドが苦境に立てば、企業も危機に陥る。アーサーアンダーセン会計事務所が非倫理的な数名の社員の行動によってスキャンダルに巻き込まれた際、企業全体がその影響を受けた（筆者注：アクセンチュアはその後のコンサルティング会社のブランド）。

ティム・カルキンス准教授は、ブランドポートフォリオ戦略の成功の秘訣として、五つの秘訣を述べている。かいつまんで説明する。

●成功の秘訣一：コアとなるブランドを構築し拡張する

最も重要な教訓は、どんな状況でもコアとなるものから出発すべきである。ブランド拡張は古典的な成長戦略である。ブランドは、顧客の頭のなかで意味のある連想集合を形成している。この連想集合が、ブランドのコアとなる事業領域を超えて、関連性や購買動機をもたらす。拡張不可能なブランドなど、ほとんど存在しない。企業は常にブランド拡張の機会を探るべきだ。

ブランドの拡張には二つの基本的な手法がある。第一は既存のカテゴリーでライン拡張をすること。コカコーラはダイエットコークを導入した。第二は新カテゴリーに拡張すること。ナイキはスニーカーからアパレルとスポーツ用品に拡張した。

ブランドを拡張する最も強い動機は成長である。カテゴリー内のライン拡張やカテゴリーを超えたブランド拡張によって、ブランドの成長が可能になる。新顧客の獲得、既存顧客の購買率アップ、利幅の引き上げ、変化する顧客ニーズや技術や競合への対応が可能になる。技術が進歩するたびに新ブランドを導入するのではコスト効率が悪すぎる。

極端な拡張に成功の見込みはない。

ブランドにカテゴリーとの関連性がなければ、新製品に何も付与しないばかりか逆に価値を損なうかもしれない。誤ったブランド拡張の例はいくらでもある。クァーズのミネラルウオーター、ハーレーダビッドソンのワインクーラーと香水、ビックの香水と女性用下着など。

●成功の秘訣二：ポートフォリオにブランドを追加する

明らかに新ブランドを導入するタイミングは、既存カテゴリーの新セグメントやまったくの新カテゴリーを狙うときだ。ＢＭＷは新ブランドの導入を適切に判断した成功事例である。ＢＭＷブランドは強力であり、明確に定義づけされており、究極のドライビングマシーンという性能を軸にポジションされている。廉価版の小型車市場に参入した際、新ブランドのミニを導入。二〇〇三年にはロールス・ロイスブランドを買収して高級車市場に参入している。ＢＭＷグループは現在三つの固有のブランドを保有している。

●成功の秘訣三：弱体化し重複したブランドを早めに削除する

ユニリーバはポートフォリオの整理を断行したすばらしい事例である。世界中で管理しなければならないブランドが一、六〇〇に膨れ上がっていることが二〇〇〇年に判明。これは経営資源の分散化や非効率を招くため、組織が管理するブランドの数としては多すぎると経営陣は判断した。製品開発やブランド投資を四〇〇のリーディングブランドからなるポートフォリオに集中することにした。

ネスレは冷凍パスタのコンタディーナをブイトーニブランドに統合した。ブイトーニをマスターブランドにして、コンタディーナをサブブランドにした上で最後にコンタディーナの名前を削除してブイトーニに統合した。

●成功の秘訣四：物事をシンプルにする

複雑さは問題の種である。複雑なブランドポートフォリオは管理しづらい。ブランドの構造は複雑になりがち。あらゆるブランド要素は投資を必要とする。顧客にとって意味のないサブブランドの導入は複雑にするだけである。

●成功の秘訣五：トップマネジメントを巻き込む

ブランドポートフォリオの決定は極めて重要であり、意思決定は組織の上層部で行われなければならない。なぜなら、ポートフォリオに関する決定には長期的視点が求められる。ブランドマネジャーは短期的収益を優先するが、短期的思考はブランドポートフォリオ上の意思決定を最適化しない。また、ブランドポートフォリオに関する決定にはブランド間のトレードオフが必要になり、経営者が意思決定をしなければならないからだ。

ブランド拡張の是非

今、コーポレートブランディングと個別製品ブランディングに関するアメリカの実務家と新進の学者の意見を紹介した。前者は、二五年ほど前にアメリカのマーケティング界に、ポジショニングという概念を紹介した、マーケティングコンサルタントとして著名なアル・ライズ氏。後者は、フィリップ・コトラーをはじめ、アメリカのマーケティングをリードしてきた、シカゴのノースウエスタン大学のケロッグスクールの准教授、ティム・カルキンス氏である。

この二人の主張は、ある点でかなり違いがある。カルキンス氏は、拡張不可能なブランドなどほとんどなくて、企業は常に成長のためには、ブランド拡張の機会をさぐるべきだ、といっている。ブランドは顧客の頭のなかで意味のある連想集合をしているのであって、そのことが事業領域を超えて、関連性や購買動機をもたらすというのである。

アル・ライズは、『ブランディング22の法則』のなかで（どの著作でもこのことは強調されているが）、ブランディングプログラムの究極の目標は、カテゴリーを支配することであり、そのとき、この上もなく強力になる。そしてカテゴリーを支配するためになすべきことはブランドの焦点を絞ることだ、と断言している。多くの例を示しているが、アメリカビール業界のライトビール。バドワイザーもミラーもミケロブもすべてのビールがライトビールをライン延長し、はじめだけ市場は拡大したが、結局オリジナルのビールブランドはブランドの魅力をそがれて、SKUこそ何倍にもなって市場は縮少してしまった。サブブランディングに関しても、ホリディインの例を引きながら、ブランドとは何かを突き詰めてゆくと、それは顧客の頭のなかに刻まれたアイデアであり、特徴であり、典型的顧客像であるということになり、サブブランディングは当該ブランドをその正反対の方向に導く考え方で、ブランディングが築きあげたものを破壊してしまうものだ、と一蹴している。

ブランドアイデンティティとブランド連想

一般に、実際のブランドマネジャーたちは、このような問題に対し、どのように対処しているのであろうか。ほとんど多くの場合、アル・ライズの指摘の通りに、比較的簡単にブランド延長をしている場合が多いのではないだろうか。筆者は、およそ延べで二〇年以上、ブランドマネジャーであったり、また、ブランドマネジャーを監督する立場にいた経験からすると、ブランドの拡大、成長のためには、ブランドラインイクステンションは可能性があればトライすることが多く、断念することがなかった。ただし、ブランドストレッチと呼ばれる、顧客の連想の及ばないカテゴリーへの拡張は、厳しく控えた記憶がある。

したがって、ブランドがたもたれているさまざまな連想の集合であるブランドアイデンティティの範囲は決して逸脱のないようにしてきた。しかし、あらためてアル・ライズのブランドのフォーカスへの厳しさを考えると、長期的なブランドイクイティという点で、非常に考えさせられるところが多い。

ケロッグスクールのカルキンス准教授の意見は、現実のブランドマネジャーたちからは、歓迎されるかもしれないが、長期的なブランドイクイティを真剣に考えれば、もう少し慎重になるべきではないだろうか。

ダヴ　モイスチャフォーム

出所：ユニリーバ社 HP より。

＜ブランド拡張の特別な成功例、ダヴ＞

　そのなかでも、ユニリーバのダヴは極めてまれなケースである。ダヴといえば、よくバスルームやパウダールームにある、白い鳩のマークの清楚で清潔な感じの洗顔モイスチュアクリームである。

　ダヴは、一九五七年、アメリカで生まれた。もともと、アメリカ政府からの依頼で、ユニリーバ社が、戦争で傷ついた兵士たちの傷口を優しく洗う目的で開発された、肌に優しい、肌に潤いを与えるモイスチュア洗顔用の石鹸である。日本には一九九九年に導入された。現在日本でも、洗顔用のモイスチュアクリーム、モイスチュア泡洗顔クリーム、二種類のモイスチュアヘアケアシャンプーとヘアコンディショナーと、肌だけでなく、ヘアケアにもカテゴリーを拡大、大変な成功を博したブランドである。消費者からもなんら矛盾もなく、モイスチュア洗顔からヘアケアまでブランド拡張を容易にした理由は何であろうか。ブランドはフォーカスされたときに最も成功するというのが、アル・ライズの言葉である。

　ダヴの場合は、ブランドのプロミスは、「洗顔」ということだけではなく、「低刺激で肌にやさしく、うるおいを与える」…ココロとカラダにうるおいを…ということが、「髪の芯までうるおいを」とヘアケアにもブランドのコアバリューが適応するところに秘密がある。つまりは、ブランドストレッチではなく、直ちに理解できるブランドラインイクステンションであり、ブランドはフォーカスされたままなのである。

日本の大企業のコーポレートブランド連想

筆者の教えている立教大学大学院の経営学修士課程の二年次は、修士論文か、調査研究報告書を提出して評価を受けることが必須となっている。昨年の学生、川村徹夫君が取り組んだ論文テーマがコーポレートブランドと製品ブランドの関連性で、筆者との共同調査をインターネット調査で行った。

その結果をレビューしながら、コーポレートブランドイメージを考えてみたい。

最初のグラフは、自動車に関する、顧客のコーポレートブランドと製品ブランドへの価値を置くウエートを聞いたものである。日本の大手の場合は、コーポレートと製品はほぼ拮抗、トヨタの場合は、「製品ブランドに八割以上」という人が約二割で「メーカーブランドが八割以上」の人は二五%。ここ数年の製品ブランド強化の結果は未だ出ていない。日産はトヨタに似ている。ホンダは三社のなかでは最もブランド寄りといえる。

トヨタのブランド連想の円グラフを見て欲しい。世界一、業界一をあわせて三割を超え、一流企業まで入れると四六%で結構なことであるが、自動車の特徴や性格はここではうかがい知れない。次の安心・信頼の九%は、トヨタの故障の少なさなどへの信頼である。技術の六%はすばらしいが次の無難は評価とはいえない。全体的に、企業への信頼の大きさは感じ取れるが、自動車への評価の連想が、故障が少ないことや無難さが上位に来る点は世界のトヨタのアイデンティティとして少し物足りない気がする。購買動機への感情があまり感じられない。個別製品ブランドの魅力がいまいちなのではないか。

日産をみてみよう。驚いたことに、トヨタ以上にクルマの魅力と関係のない、ゴーンさんが、なんと、三五%。日産という名前を聞いて、思い浮かべることが経営者の名前というのも、ゴーンさんの力に賞賛の声を上げたかったのだろうが、驚きであった。デザイン良くなってきた、七%、リバイバルしてきた、四%、努力している、三%と、ポジティブな意見が一四%に対し、落ち目、五%、トヨタ追いで失敗、五%、時代遅れ、四%とネガティブな連想も一四%と、ゴーンさんの功罪いまだ半ばといったところ。スカイライン五%、マーチ四%、スポーツカー三%と新旧のブランドが出たが、ほかの新しいブランドはほとんどなく、また技術とかクルマの特徴を表す言葉が連想されず、これからの個別ブランドの多くの試練を想像させる。

ホンダは、トヨタや日産に比べはるかに、自動車メーカーとしての性格がはっきり表われ

自動車の購入時の企業ブランドと製品ブランドの重要性の関係

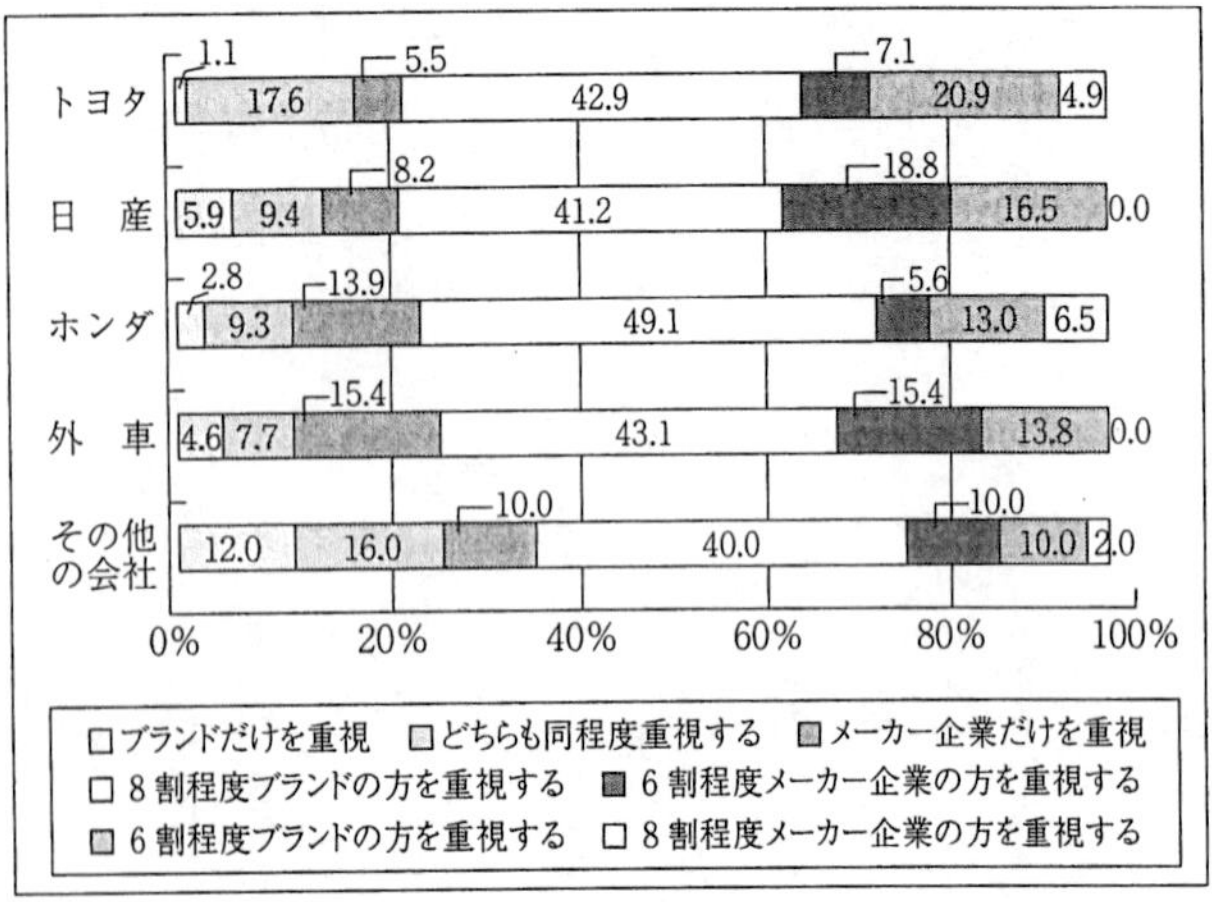

出所：川村徹夫作成。

トヨタに対するブランド連想

Nov.2006 by CPP

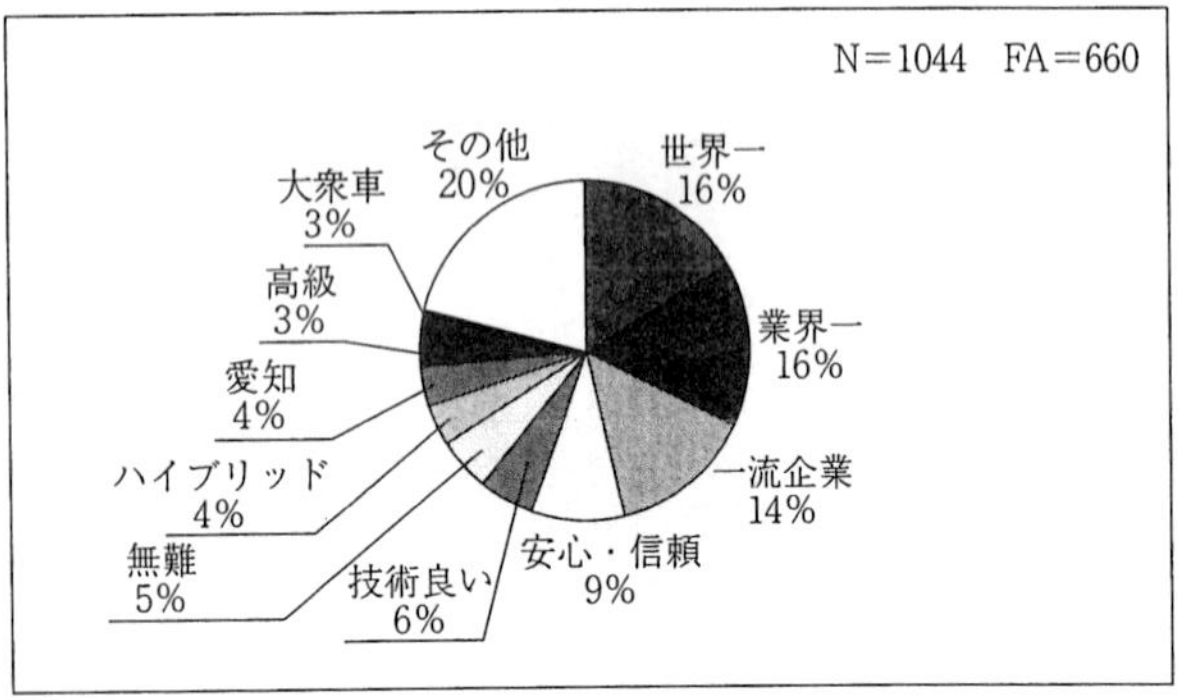

出所：筆者作成。

日産に対するブランド連想

Nov.2006 by CPP

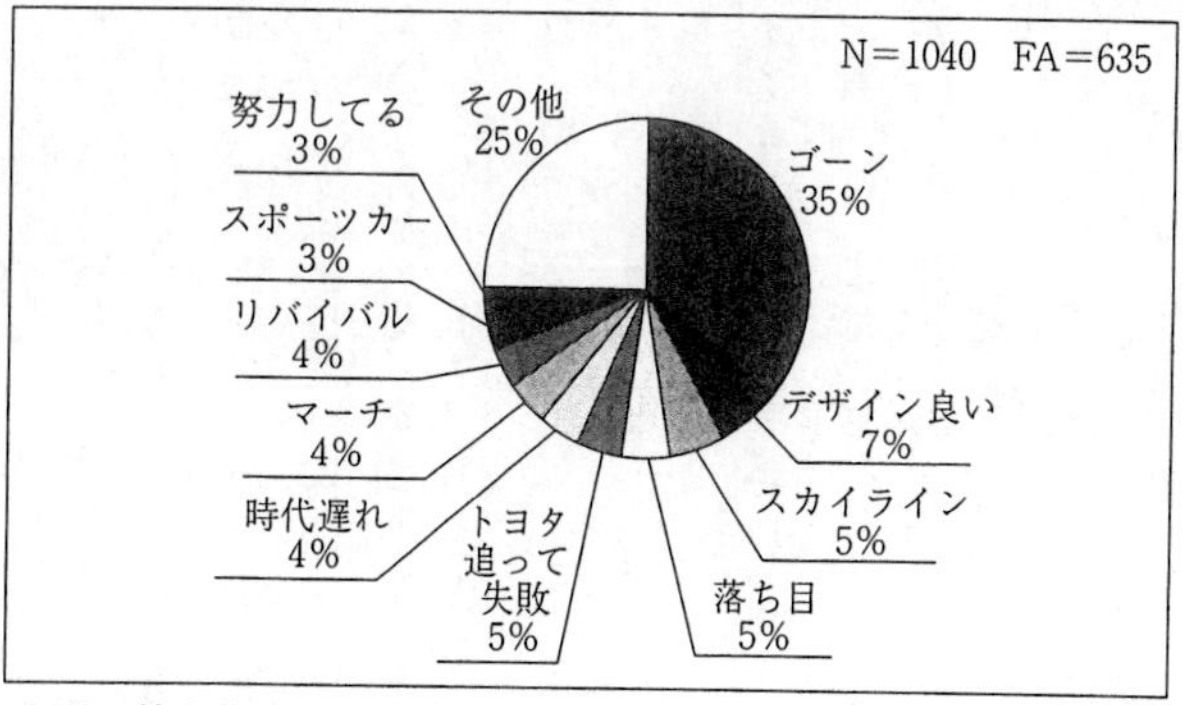

出所：筆者作成。

ホンダに対するブランド連想

Nov.2006 by CPP

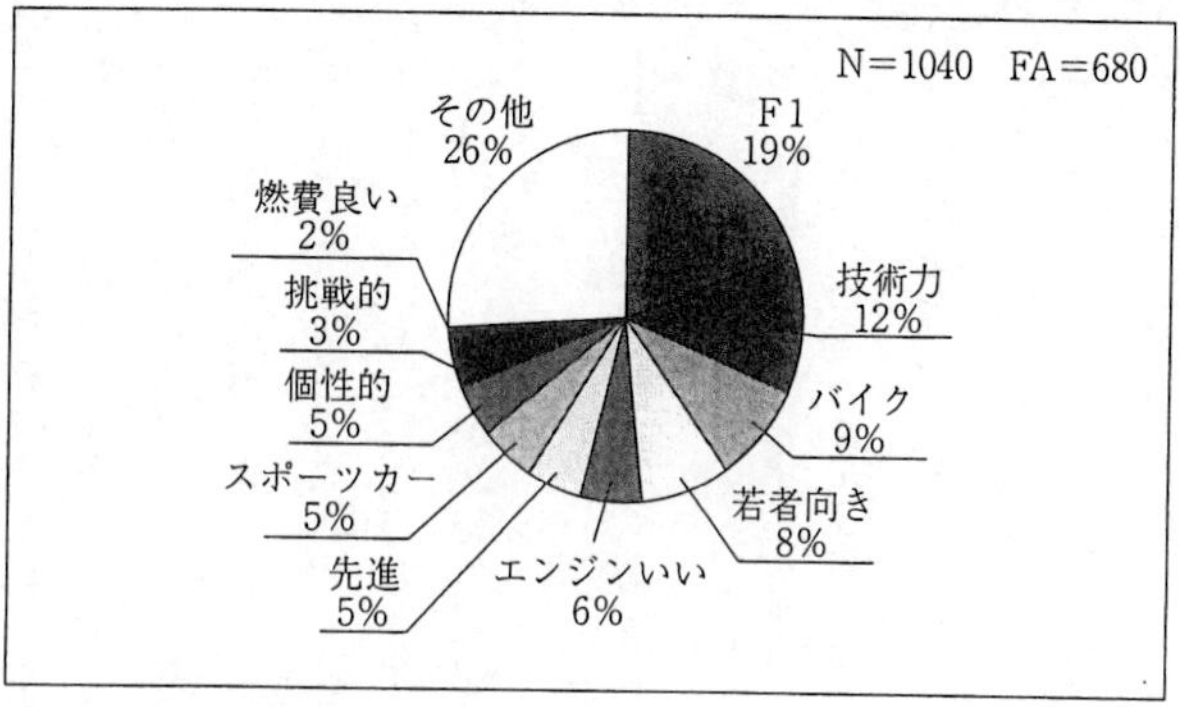

出所：筆者作成。

ており、最も差別化された強烈なブランド連想を持たれている。この連想が大きな修正を必要としないものであれば、強いブランドアイデンティティ、ブランドポジショニングを可能とできよう。F1が一九%、技術力一二%、エンジンが良い六%、先進的五%、個性的五%、挑戦的三%、これで合計ちょうど五〇%。バイク九%、若者向きが八%、オリジンの本田宗一郎も一%以上出ていた。大きなネガティブな連想がほとんど出ていないことは驚異的でさえある。世界の量的再編劇のなかで強い個性を守っているゆえんである。ただし、ホンダの場合も事業の三分の二は海外であり、特に欧州でのブランドイクイティが今後の課題の一つであろう。

翻って、日本での外車のブランド連想を、三つほど紹介したい。同じ調査での結果である。

BMW。高級が四一%。スーパープレミアムポジションを明確に獲得している証拠である。この数字は、同社の期待以上ではないか。むしろ、スーパードライビングマシーンに半分くらい欲しかったところか。ドイツが一二%、これはオリジンを正しく認識してもらっている良いイメージである。デザイン良いが八%、ドライビングは五%、ステータス四%、おしゃれ四%、夢四%、重厚三%、スポーティー三%、その他は八%しかなく、ほとんどがドイツ製スーパープレミアムカーで、ドイツ製のおしゃれでステータスを感じさせる駆け抜け

BMWに対するブランド連想

Nov.2006 by CPP

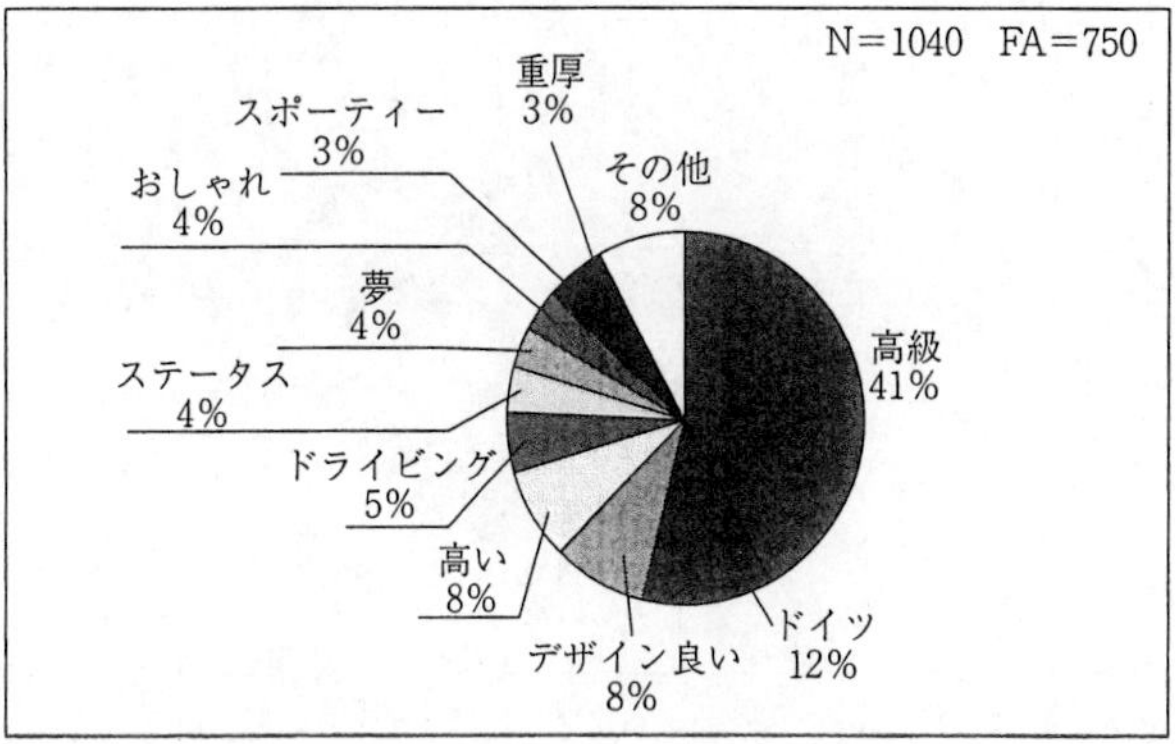

出所：筆者作成。

VWに対するブランド連想

Nov.2006 by CPP

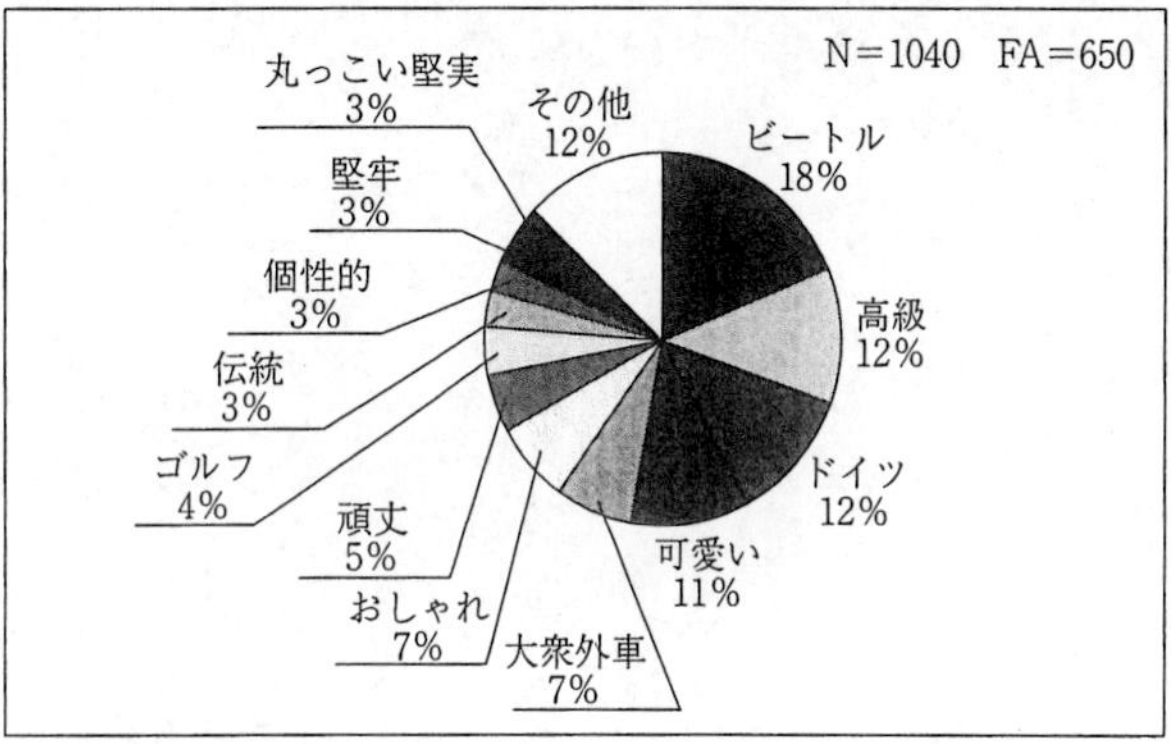

出所：筆者作成。

フォードに対するブランド連想

Nov.2006 by CPP

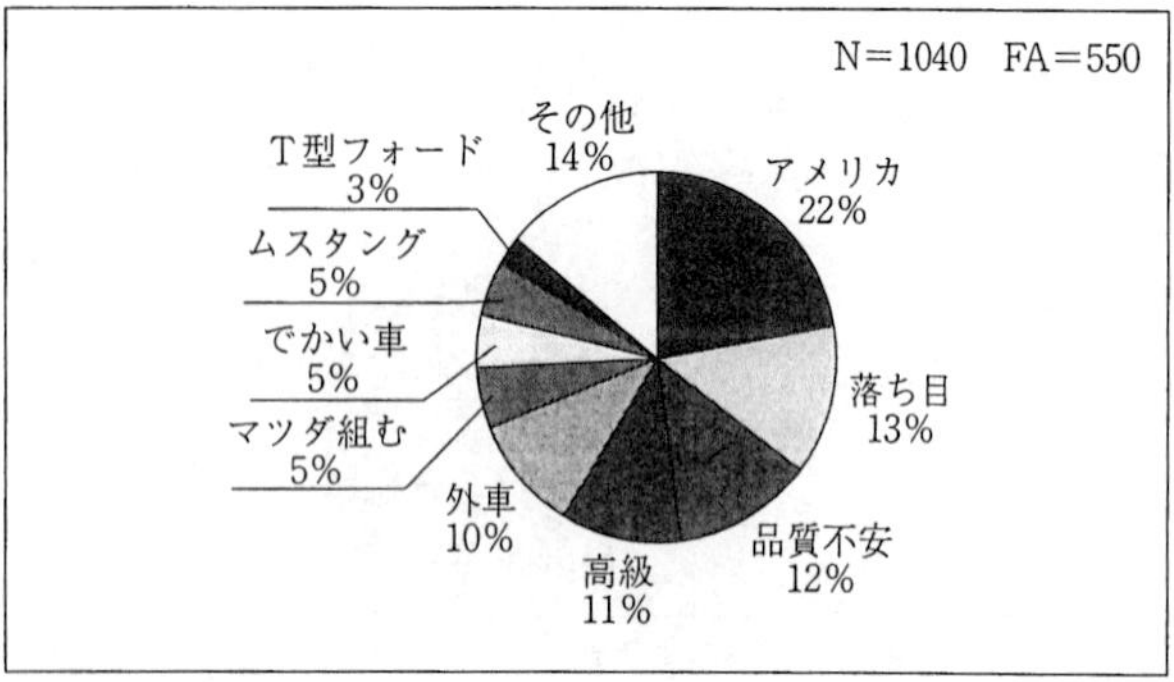

出所：筆者作成。

るよろこびのクルマという、ＢＭＷにとっての、日本という強敵のいる国での良好なブランド連想であり、強力なブランドイクイティ、ブランド力を確認できる結果であった。

ＶＷ（フォルクスワーゲン）は、ホンダ、ＢＭＷと同様に、はっきりとした、ワーゲンらしいブランドワールドを確認できる結果であった。ビートル一八％、可愛い一一％、おしゃれ七％、丸っこい三％とカタチのアイデンティティと評価が合わせて三九％もあり、見た目の差別化、ビジュアルアイデンティティの圧倒的強さを示している。高級も一二％、頑丈と堅牢で八％、伝統も三％、個別ブランドではゴルフが四％と、製品への連動もある。日本のどのクルマにもないキャラクターを送り手の思い通りに連想してもらっている、という感想である。

フォード。アメリカのクルマではフォードのコーポレートイメージを聞いてみた。GMに関しては、ある世代を除いてはあまり個別のブランドを知らないし、第一、日本で入っている台数が少ない。ダイムラークライスラーにいたっては、社命すら知られていなくて、とても日本でのコーポレートブランド連想はとれない。

フォードの連想では、やはりアメリカが二二%で圧倒的であった。次は、落ち目一三%、品質がよくない一二%、と、四分の一にあたる二五%がネガティブな連想をあげた。ポジティブと思われるのは高級の一一%だけ。あとは、外車一〇%、マツダとの関係五%、大きなクルマ五%、かっての名車ムスタング五%、T型フォード三%と、これはまるで歴史の教科書なみのできごと。情報が十分にないことと、かっての多くの情報は、新たな多くの情報の洪水に押し流されすでに完全に忘却のかなたなのであろう。

ブランド連想調査によるブランドポジショニング

今回のクルマメーカーのコーポレートブランド連想の結果を、ポジショニンググリッドに表したものが次のグラフである。グリッド軸は、今回の調査によるものではなく。筆者の推定重要度・満足度を、技術・信頼――ステータス、技術・信頼――個性的・ユニーク、という二つの局面でプロットしたものである。このようなポジショニングは製品ブランド同士で

クルマのコーポレートブランドポジショニンググリッド

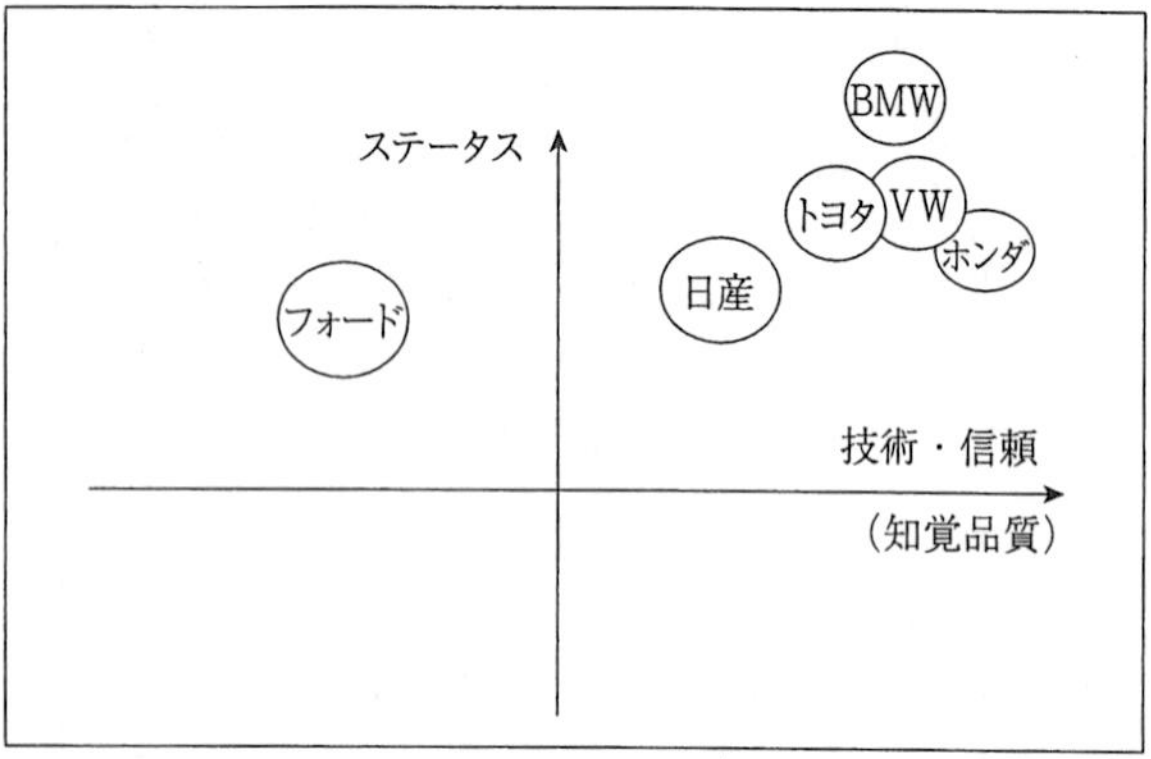

出所：筆者作成，2007年１月。

クルマ６社のコーポレートブランド連想のポジショニンググリッド

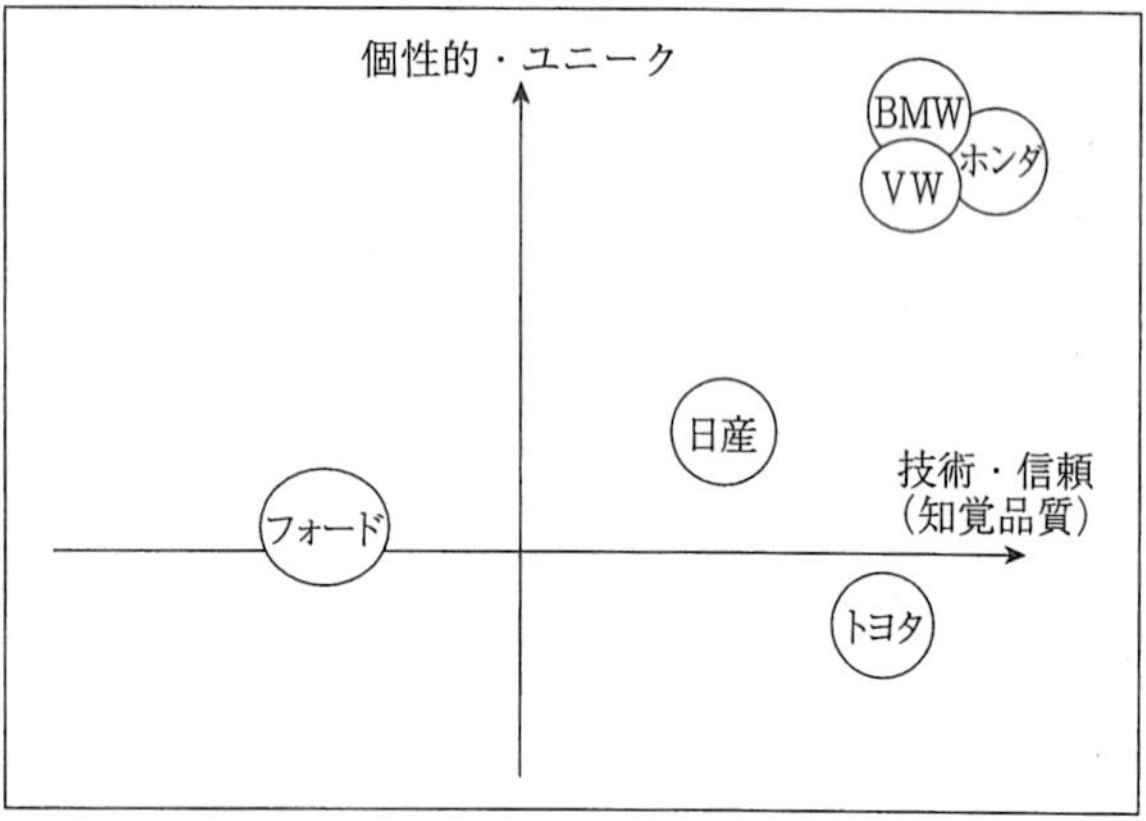

出所：筆者作成，2007年１月。

行う方がクルマのポジショニングには適していると思うが、あえてコーポレートブランドの力を今回は評価してみた。

ステータスと技術・信頼のグリッドでは、BMWが最も高い位置をとっているが、トヨタ、VW、ホンダがすぐ後を追う。日産は、このグループからステータス、技術・信頼でも遅れをとり、その差はかなりはっきりしている。一方、フォードは明らかに考慮の枠からもはずれ、日本で事業を展開しようとすれば、知覚品質をまず日産並みに引き上げてからのことになろう。

また、ステータスの代わりに、個性的・ユニーク、を軸にとると、状況が少し変わってくる。この市場定義の場合は、BMWのトップポジションは変わらないが、すぐ下にホンダとVWが控えており、特に技術への信頼では、ホンダがわずかにリードする。トヨタは個性やユニークさでは日産にも見下げられる位置となり、個別のクルマによるキャッチアップがのぞまれる。

天下無敵のトヨタも、コーポレートブランドだけですべてのセグメント、市場を席巻することはできず、コーポレートブランディングによるコーポレートコミュニケーションが必要なのではないだろうか。個別製品ブランドとのシナジーを可能にし、また、個別製品ブランドのイメージを殺さない強いコーポレートメッセージが求められている。

日産に関しては、ブランド連想のなかに、昔からのスカイラインノスタルジーとマーチのグッドデザイン以外、具体的な個別ブランド連想が一、〇四〇人のなかにはシーマの一人だけで、まったく出てこなかった。

日産は、コーポレートブランディングと個別製品ブランディングとの関連付けに、Shift_（シフトアンダーバー）を数年前から導入している。知っている人には、なかなかしゃれた工夫に見えるが、実際には、すべての個別ブランドの広告に入っているとはいえ、今回の一、〇四〇名のインターネット調査の自由想起（フリーアンサー）には、まったく出てこなかった。助成すれば気がついたかもしれないが、自由想起するには、とても忙しい現代人の記憶ループには入ってこないのだ。

さらに、デザインがかっこよく、改善されたという声が出ているにもかかわらず、マーチ以外のすてきなデザインのクルマの自由想起がまったく出てこない。日産は、ここ四、五年かけてブランドを一斉にリニューアルしている。サニーの代わりにラティオ、セドリック、グロリアの代わりにフーガ、ブルーバードはサブブランドであったシルフィーに代わり、セフィーロ、マキシマ、ローレルなどが消えて、ティアナ、ワゴンタイプのステージアが加わった。それぞれの広告は、TV、新聞、雑誌あるいは確認はしていないがITネットワークももちろん駆使しているであろう。

しかし、これほどのブランドの大変更の割に、個別ブランド投資が弱いのではないだろうか。私の経験では、単価が千円以下の嗜好品の場合は、一つの新しいブランドを定着させるためには、広告、販促といったマーケティング費用で、三、四年で八〇億円は必要である。また、この絶対値は、シェアオブボイス（同業界の広告費露出量全体のなかでのシェア）を考えると、嗜好飲料（コーヒーや紅茶、ココア）の五倍以上あるのはまちがいない。一つのクルマのブランドの定着には、広告、セールスプロモーション、イベントなどで、四、五〇〇億円かかるのではないだろうか。新たに六つの新ブランドがあれば三、〇〇〇億円、三年で平均的にならしても、一年に、新製品だけで一、〇〇〇億円のマーケティング費を必要とすることになる。さすがのゴーンさんも、設備投資や配当、リエンジニアリングには優先順位をつけてメリハリをつけたであろうが、個別ブランド戦略、あるいは個別ブランドとコーポレートブランドの最適シナジーのためのブランド投資が遅れていたと指摘せざるを得ない。

新しいブランドあるいはリニューアルしたブランドのデザインアイデンティティは何かニッサン的デザインになりつつあるようにみえる。個々のブランドのイクイティ（認知度、ブランド連想、知覚品質そしてこれらの結果としてのロイヤルティ）を強化することがなければ、新たな飛躍は難しいのではないか。

このコーポレートブランド連想の調査から、大手三社のなかで、ホンダが最も継続的差別的優位性（Sustainable Competitive Advantage = SCA）を有しているようにみえる。トヨタ、日産と明らかに異なるコーポレートアイデンティティを持ち、異なる世界にＦ１など、レースでの厳しい戦いを粘り強く克服し、独自の技術、クルマを提供するチャレンジャブルな企業。ポジショニンググリッドをみても、技術と個性といった軸ではＢＭＷなどと競える高いポジションを持っている。

電機企業のコーポレートブランド連想

薄型ＴＶを製造販売しているメーカーの主なブランド五つ、日立の「ウー」、松下の「ビエラ」、ソニーの「ベガ」と「ブラビア」、シャープの「アクオス」に関して、購入時（買った方も含めて）、メーカーと製品ブランドのどちらをどれだけ重要視するか、という質問をした。総じて、自動車のケースよりも企業重視である。アクオスは累積広告投下量は最も多いと思われるが、日立のウーを除き、ブランドと企業はほぼ半々のウエートである。クルマの排気量やクラスでセグメント（細分化）ができないＴＶの場合は、どうしても企業寄りになるのは当然かもしれない。ソニーのブラビアでは、三分の一が八割以上メーカーのブランドを重視する、というのは、少し評判が落ちたとはいえ、さすがエレクトロニクス、テレビ

薄型大画面TV購入時の企業ブランド，製品ブランドの重要性比較

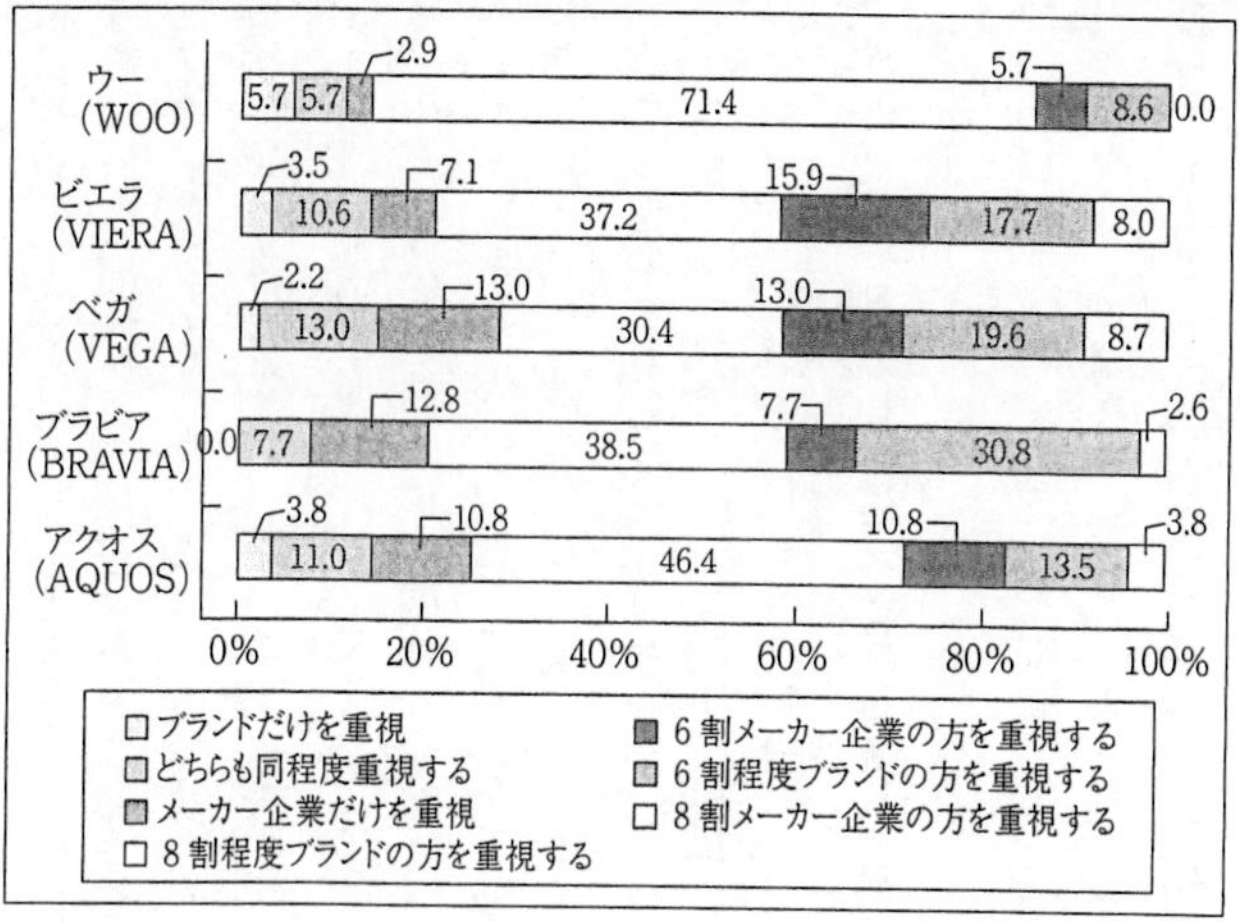

のソニーの映像に関する知覚品質はすごいと思わせるものがある。

さて、企業別のコーポレートブランド連想の自由想起、フリーアンサーの結果をみてみよう。

この調査は、自動車のものと同じ、二〇〇六年一一月に行われ、電機メーカー一一社に関して特に薄型テレビ購入時の企業ブランドと製品ブランドの関連性の調査の一環で、全国の二〇代から五〇代の男女一、〇四四名にインターネットで実施され、ここに紹介しているものは、そのうち大手五社の企業ブランドに関するブランド連想のフリーアンサー（ほぼ五、六割の回答者）を、筆者の判断で大まかに分類まとめた結果である。あくまでも、一回の調査のラフなまとめであるが、現在の

企業イメージに近いものが出ていると思う。ただ、薄型テレビの質問のなかに入っているものなので、そのバイアスは避けられないと思って見ていただきたい。

日立は重電の雄であり、また日本で最大の総合電機メーカーであるが、今回の調査からはあまり特徴が認識されていないないか、過去の記憶がかなり残っている連想が多い。プラズマテレビ「ウー」は知られているようであるが、印象がない、大木、古い、何でも屋など、鮮烈なイメージを残していない。明快な企業イメージを持たれていない。一般社会への明快なコミュニケーションポリシーに一貫性が欠けるのではないか。

松下電器は、その業績向上の通り、比較的はっきりしてきている。家電の王様、プラズマ、液晶の大型テレビ「ヴィエラ」、三番目には、ファンヒーター事故でのすばやい、また徹底的に回収しようという企業努力が誠実で責任感ある企業としてよく伝わった結果が出ている。これを非難する声はわずかであった。また、製品ブランド「ヴィエラ」は事業ブランド、パナソニックよりも倍ほど認識されており、製品ブランドの広告、販促が効を奏したものと思われる。

ソニーに関しては、二〇〇七年になると、世界的な液晶大型テレビ「ブラビア」の成功もあってエレクトロニクスのソニーのリバイバルがみえてきた感はあるが、前年の二〇〇六年の秋は、最も世間の評判が落ちていた時期であったに違いない。最近落ち目といった評価

日立製作所のコーポレートブランド連想

2006年11月調査（CPP）

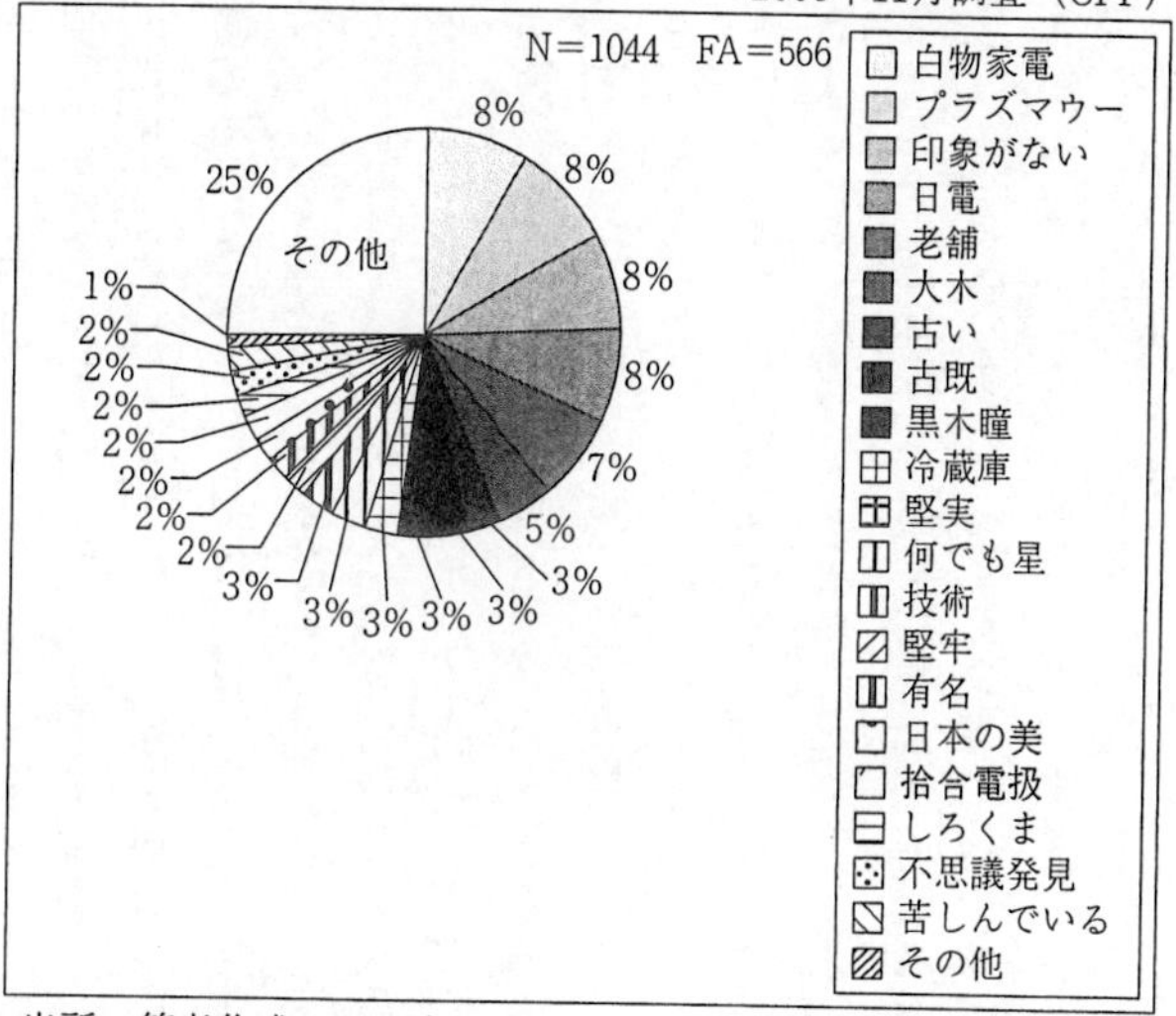

出所：筆者作成，2006年11月。

松下電器のコーポレートブランド連想

2006年11月調査（CPP）

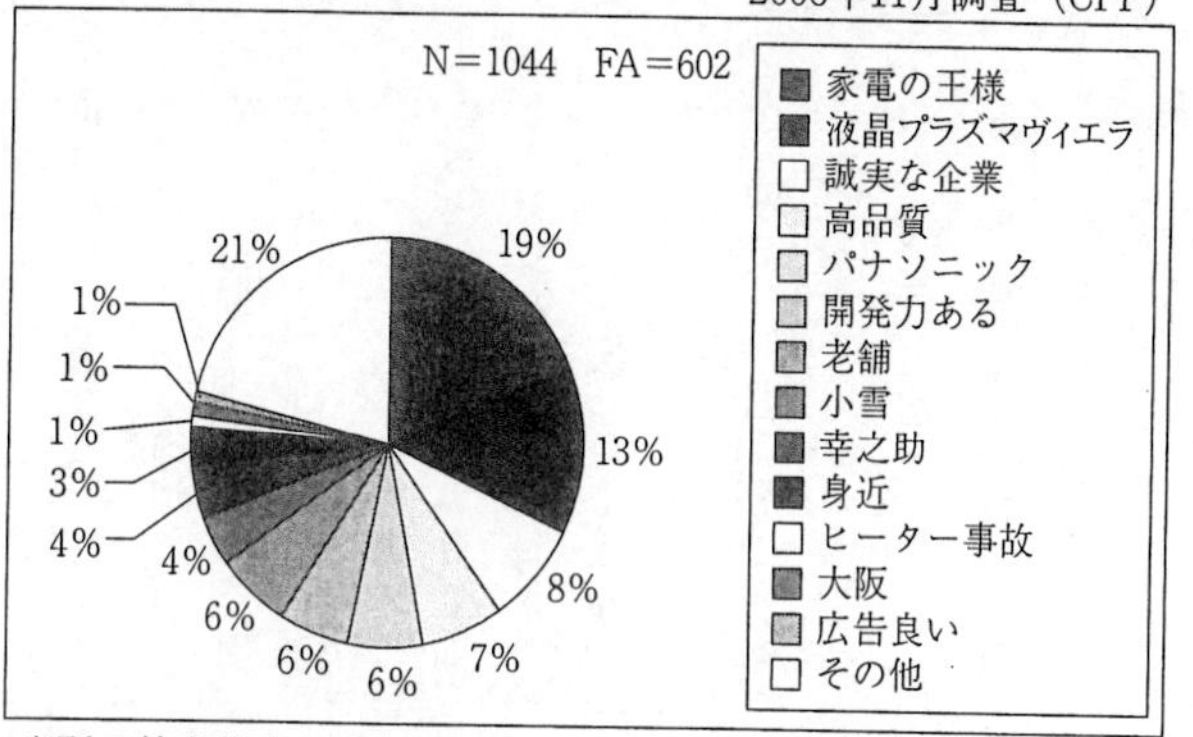

出所：筆者作成，2006年11月。

や、ソニータイマー、ある時期になると壊れる、という声が、先進的、デザインが良い、技術が良い、一流といった、かつては満ち溢れていた賞賛の声の間にないまぜになっている。レピュテーション（評判、うわさ）が落ちていることを示している。プレイステーション事業の回復がのぞまれよう。一方、海外、特に米国では、ソニーといえば映画、音楽の会社という声も強いと聴くが、日本では、音楽はウオークマン、ミュージックで入ってはいるが、映画に関してはまったく出てこなかった。ソニーのコーポレートブランディングとサブブランディング（ＶＡＩＯやプレイステーションなど）の関連を考えると、ソニーという名前を聞いてどのような連想を持たせるかという点を考える必要があるのではないか。グローバルに統一することは難しいと思うが、今のソニーからは明確なメッセージが伝わってこないことが実情ではないか。

東芝に関しても、最近の筆者の持つイメージとこの調査結果は違って厳しいものがあった。やはり、この時期はまだ事業の選択や投資の方向については伝わっていないのであろう。サザエさんの印象は、長いだけにまだ続くであろう。日立にも同じことがいえるが、何をしている企業なのかがはっきりわからない、といった印象を感じる。総合電機であっても何を得意とし、どんなカラーの企業であるのか、ということを経済社会だけでなく、一般のステークホルダーにもわかりやすく伝えるコミュニケーションポリシーが求められていると

ソニーのコーポレートブランド連想

2006年11月調査（CPP）

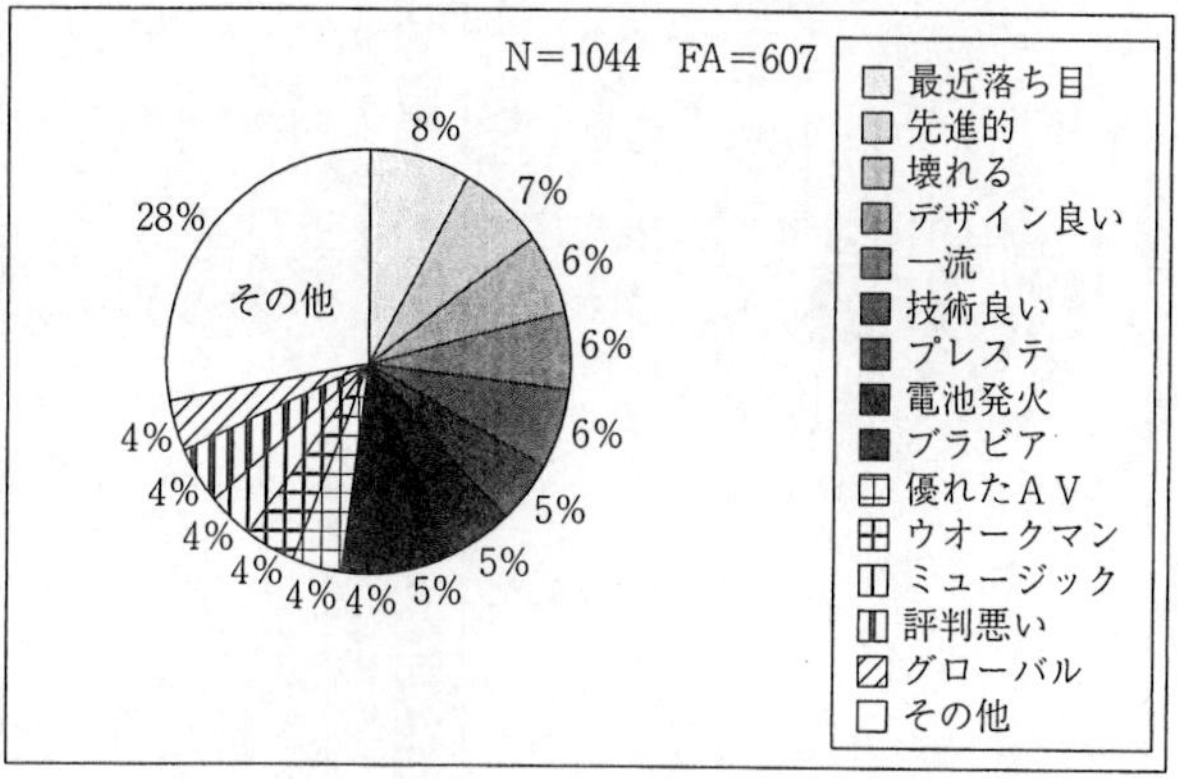

出所：筆者作成，2006年11月。

東芝のコーポレートブランド連想

2006年11月調査（CPP）

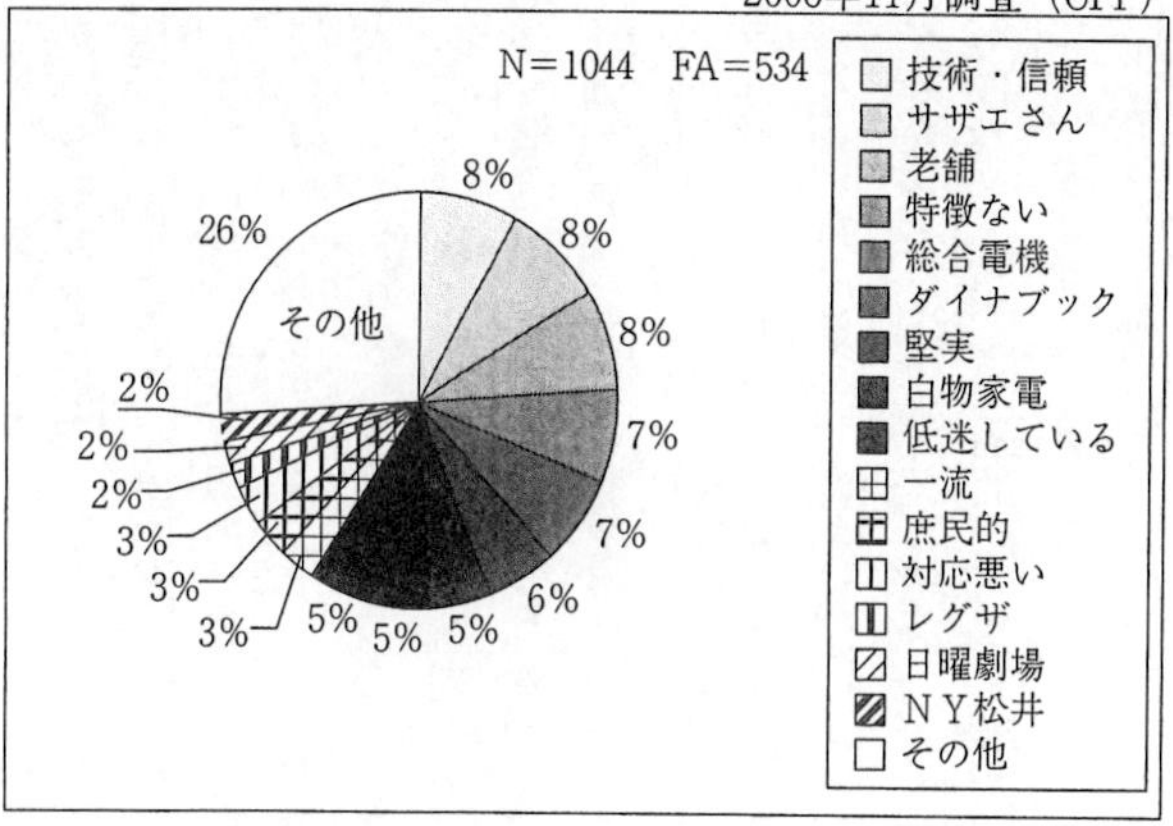

出所：筆者作成，2006年11月。

シャープのコーポレートブランド連想

2006年11月（By CPP）

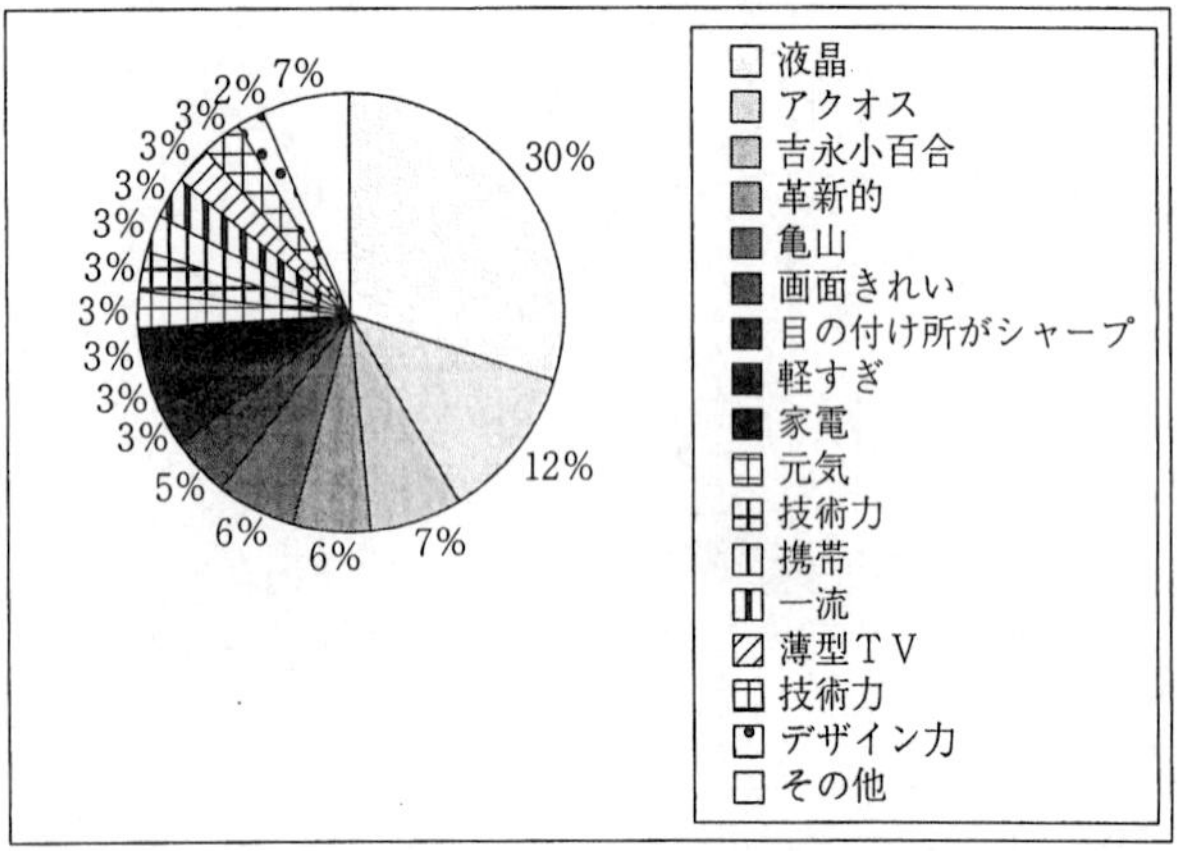

出所：筆者作成，2006年11月。

感じる。

薄型テレビ関連の調査であるので、最も長期間液晶薄型テレビ広告をやっているシャープには良い企業連想の結果が出ている。そのせいもあるが、液晶テレビにだけ注目が集まり、連想も、液晶に三〇％、アクオスに一二％、吉永小百合、亀山と薄型一色で一貫された企業イメージになっている。普通にシャープの企業イメージをとれば、もう少し他の家電のイメージも出てくると思うが。しかし、コーポレートスローガンの「目のつけどころがシャープでしょ」（実際は、目と指のイラストがついていて印象的）は、七番目で三％の得票となっている。シャープのネーミングをシャープという鋭い感性にダブらせたスローガンはシンプルでアイキャッチングなイラストとともに、今やシャープの顔の一つになったといってもよいであろう。あのようなコーポレートスローガンが自由想起で出てくることはすばらしいと思う。

コーポレートブランド連想項目上位比率

この調査は、全国二〇代から五〇代の男女一、〇四四人を対象に実施されたインターネット調査の結果であり、また、自由に思いついた連想を書いてもらったので、一社につき、およそ五〇〇人から六〇〇人の書き込みがあった。自動車の場合にはよいが、電機については、薄型大型テレビに関するアンケートとしてあるために、企業全体というよりも薄型テレビ関連の連想になってしまい、企業全体を十分に反映していないかもしれない。その点は、少し差し引いてみていただきたいと思うしだいであるが、筆者の推測では、八、九割方は、コーポレート全体になっていると感じている。

上位二項目では、BMWがダントツで五三％、シンプルなアイデンティティで絞り込まれた強さを示しているといえる。日産の四二％は高いが、このうちの三〇％はゴーン氏で、自動車メーカーとしてのサステナブル（継続的）なコーポレート連想とはいいがたく、過渡的で一時的な印象である。その意味では、かなりこれは割引をしてみなければならないであろ

コーポレートブランド連想上位トップ5

2006年11月ネット調査（By CPP）

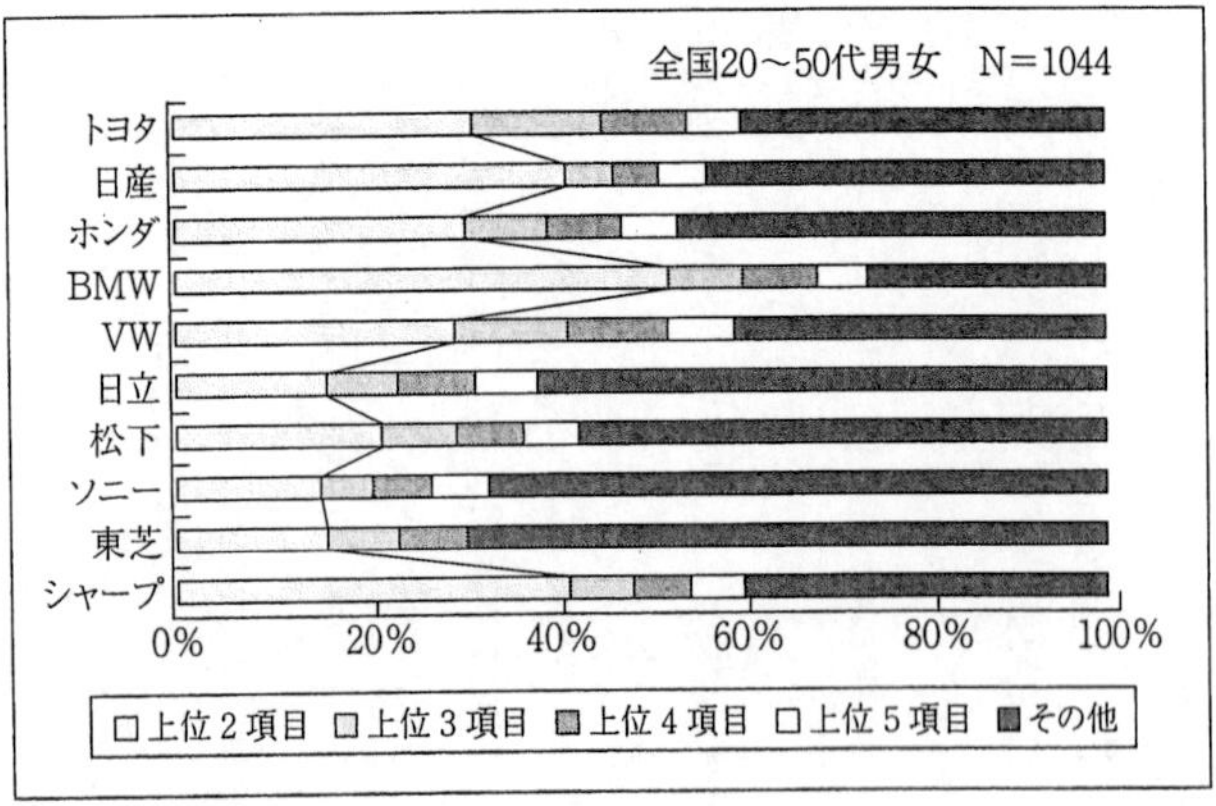

出所：筆者作成，2006年11月。

う。電機では薄型テレビのことを聞いた調査とはいえ、シャープのコーポレート連想のトップ2、液晶とアクオスは万人が認めるところという感じで、メジャーな事業を代表する強力なブランド連想であり、ブランド価値として強いアイデンティティを有しているといえよう。その点で、日立、東芝、ソニーはほぼ似たような形で、その他が六割を占め、多くの一般消費者は企業像をさまざまなイメージで理解、認識しているということになる。どのレベルが適切であるのかは、なんともいえないが、顧客、潜在顧客を中心にした主要なステークホルダーがほぼ同じような、企業側からみて望ましい理解、認識を示すことが重要であろう。

コーポレートブランド、個別ブランド、これからの方向性

＜海外ブランドにおけるコーポレートブランディング強化傾向＞

世界の化学大手、デュポン社は、Ｂ２Ｂ企業であるが、すぐれたブランドをたくさん持っていることで有名である。たとえば、焦げない鍋のための「テフロン」、強い繊維で、世界の軍隊や警察の防弾チョッキに使われる「ケブラー」などすべてで一、五〇〇くらいあるといわれている。従来は、個別製品ブランドを単独で使用する場合があったり、また、オーバルデュポンといわれる横長楕円形のなかに英文字のデュポンが入ったものを製品ブランドと一緒に使ったりしていたが、最近では、個別製品ブランドの前に必ず、DuPont を置くことになっている。DuPont Teflon であり、DuPont KEVLAR のように。

出所：ユニリーバ社 HP より。

英国とオランダに本社がある世界の油脂ビューティケア食品企業ユニリーバは、コーポレートマークを積極的にブランドエンドーサー（ブランドにユニリーバの裏書保証をして信頼度を高めること）として二〇〇五年より使用を始めた。ＴＶＣＭでも、ＣＭの最後の「ぶらさがり」ではなく、ＣＭのはじめにさりげなくわずかの時間Ｕマークがフェイドインフェイドアウトする方式でエンドース機能を果たしている。

Ｐ＆Ｇは、もともとコーポレートマークを表に出すことはなかった

が、日本においては、P&Gの知名度も低いということもあり、日本ではTVCMなどには、ぶら下がりで最後の一秒以内でP&Gを入れるようになった。

ネスレも世界的に、ペットフード、ミネラルウオーター以外の製品には、ネスレの小鳥の巣のマークをコーポレートエンドーサーとして入れるようになった。

ネスレ、ユニリーバと並んでフランスの食品乳業大手のダノンは、ほとんどの製品の真ん中に「DANNON」のマークが大きく入っている。

世界最大級の化粧品メーカー、ロレアルも、ロレアルのホームページから、傘下の「ランコム」や「ヘレナルービンスタイン」を検索できる。ロレアルのスタイルは、エスティーローダーとはまったく異なる。エスティーローダーは、クリニーク、プリスクリプティブス、オリジン、アラミス、トミーフィルフィガー、ダナキャランを傘下に持つが、まったくそのことを消費者に知らせることはない。

コカコーラは、どのブランドにもCocaColaProductsというエンドースを製品に入れている。

リスク化する社会

特に食品市場で、ブランドへの消費者の不信感が増大しつつある。BSE、鶏インフルエンザ、ホルモン問題、GMO（遺伝子組み換え食品）など。特にトレーサビリティの確保は最重要事項である。消費者の選択に影響を与える、社会的責任のある企業行動が極めて重要になってきている。ブランド単体での保証にはおのずから限界があり、企業全体での対応が求められる時代。コーポレートブランドによるエンドースが個別ブランドの価値を高めることにもなる。

その点では、コーポレートブランディングにより信頼を確保してきた日本のブランディングに近づいてきたともいえる。

日本企業の挑戦

個別製品ブランディングを進めてきた欧米企業。その政策の基本理念はターゲティングとポジショニング。つまり、セグメントされた市場を定義し、そこでの差別的競争優位をブランドに持たせること。その欧米企業が、グローバルに展開するなかでコーポレトブランディングを採用する必要も、リージョンやカテゴリーによって出てきたということである。

それら欧米ブランドは、P&G（ジレット、パンパース、ウイスパー、チアー、ファブリーズ、ウエラ、パンテーン、ヴィダルサスーンなど）、ユニリーバ（食品ではリプトン、ブールザン、マイユー、クノール、ビュウティケアではラックス、ダヴ、ポンズ、アックス）、ネスレ（ネスカフェ、ブイトーニ、キットカットなど）、クラフトフーズ（日本では主としてＡＧＦ）、ダノン（日本では味の素とコラボレーション）などで、すでに日本市場においても展開されている。

一方で、日本企業は、コーポレートブランディングだけではなく、個別製品ブランドの強化を図ってきた企業も多い。

キヤノンは、世界中で強力なカメラのキヤノンを、デジタルカメラ（ＩＸＹ）、デジタル一眼レフ（ＥＯＳ、ＥＯＳＫｉｓｓ）、プリンター（ＰＩＸＵＳ）、レーザービーム複合機（ＳＡＴＥＲＡ）と、カテゴリー別にサブブランディングを配し、カテゴリー内でのトップシェアを目指している。キヤノンブランドは強力なエンドーサーとして使用され、キヤノンだけで強力な連想ができない分野でカテゴリーを制すサブブランドに多くの広告費を投下している。必ずキヤノンブランドは押さえられていて、キヤノンの高性能技術を保証している。コーポレートブランド「キヤノン」＋「サブブランド」の押さえ方である。コーポレートブランディングと個別製品ブランディングの融合である。現在のところはまだ、キヤノンブランドがサブブランドを引っ張っているが、やがては、サブブランドが強いブランド連想とロイヤルティを備え、キヤノンブランドのウエートは現在より小さくなるであろうし、サブブランドのイクイティが大きくなってくるであろう。

この解決法は、日本のブランディングとしては理想的な展開にみえる。

先のコーポレートブランドの連想調査でもみえてきたように、たとえば松下電器の薄型プラズマテレビ「ヴィエラ」（液晶もあるが）は、個別製品ブランドの成功例の一つだ。今は、松下電器の社名は誰でも知っているが、今回の自由想起のなかに五％、第五位に「パナソニック」ブランドがある。昔は松下電器の別名であった「ナショナル」は、自由想起ではわずかであった。パナソニックは、いずれ松下電器に代わるコーポレートブランドになるであろう。「ヴィエラ」は、二〇〇四年頃からの（小雪をモデルに）大々的な広告、販促を展開、パナソニックは押さえとして置かれ、「ヴィエラ」は圧倒的な大きさと露出で存在感を主張、送り手の計算通り強力な個別製品ブランドとして確立し、パナソニック、松下電器とともに、「ヴィエラ」によるブランド連想のパワーを享受するところまで来ていると思える。

この状況は、シャープの「アクオス」においても同様のことがいえる。むしろ、「アクオス」は「ヴィエラ」の先輩である。広告による「アクオス」の訴求、露出は、薄型テレビでは「アクオス」が先行した。また、「液晶のシャープ」、仲畑貴志の名コピー「目のつけどころがシャープでしょ」の力もあり、一般には広告からの訴求は「アクオス」よりは「シャープ」の方が強く届いている。しかし、長い間の一貫した広告の蓄積は、シャープのコーポレートブランド連想で「アクオス」が自由想起で一二％、液晶に継ぐ第二番目の連想項目になっている。アクオスはまた、アクオス：液晶：吉永小百合、アクオス：液晶：亀山といった連動連想が目立ち、シャープの屋台骨的ブランドに成長し、シャープコーポレートブランドを逆に高く押し上げる作用もしていることは間違いない。個別ブランディングがコーポレートブランドの価値を明らかに高めているのである。

自動車でいえば、ＢＭＷはコーポレートブランドと個別製品ブランドが同じで、最も理想的なブランドイクイティを確保できる。ＶＷはコーポレートブランド連想の一位に「ビートル」が一八％できて、三番目のドイツはＶＷなりビートルの性格を表し、四番目の「可愛い」はまた「ビートル」のことであり、八番目には「ゴルフ」がくる。ＶＷコーポレートブランドの連想は、まったく主力製品そのものと融合している強さではないか。

ホンダはブランド連想に関しては、ホンダの企業キャラクター、それも極めて差別化されたユニークなキャラクターにあふれており、ＢＭＷの持つ「高級」、「ドイツ」、「ドライビング」、ＶＷの持つ「ビートル」、「ドイツ」、「可愛い」の代わりに「Ｆ１」、「技術力」、「エンジンがいい」、「個性的」を持ち、誰とも違う良いクルマにふさわしい連想の集合である。もう少し個別製品ブランドの連想や魅力が立ってきてホンダイメージを支える構造が望ましいと感じる。代表的なブランドは何なのか、という点である。

トヨタは、いくつかの政策を進めている。トラック、小型車から最高級車まで何でもありの会社だから、セグメント別のイメージ作りをしているようにみえる。ヴィッツ、カローラ、アリオンらの小型車、プレミオ、マークXなどの中級セダン、クラウンシリーズの高級セダン、アルファード、エスティマ、クルーガー、ハリアーなどSUV、エコを代表するプリウス、そして別会社のドイツ高級車のシェア奪取を目的とするレクサス。世界一の自動車会社として、どのようなミッションがコーポレート連想に求められるのか、まったく新しい見方をされる分大変であろうと思う。コーポレートブランド連想をみる限りでは、世界一、業界一、一流企業が一、二、三の連想であり、それで四六%になる。その後は、安心・信頼、技術が良い、無難、ハイブリッド（プリウスも含む）で七割である。企業のキャラクターがあまり鮮明でないのが気になる。フリーアンサーを読んでいて感じるのは、「まず故障しない良いクルマ」であり、すごいテクノロジーというより無難であり、強烈な個性がない。これからは、トヨタという名前を聞いたときに思い浮かべる企業像と、その人が興味を持つ個別ブランドへの憧れやロイヤルティからくる期待とのシナジーが作るコーポレート連想になっていく必要があろう。個別ブランドへのマーケティング投資がブランディング構築のために求められるし、それとは別次元の、世界のトヨタとしてのノブレスオブレージュ（Noblesse Oblige　社会をリードしていく人に求められる自己犠牲を含めた高い徳性）的な観点も必要になってこよう。

出所：デュポン社 HP より。

コーポレートブランドの方向性

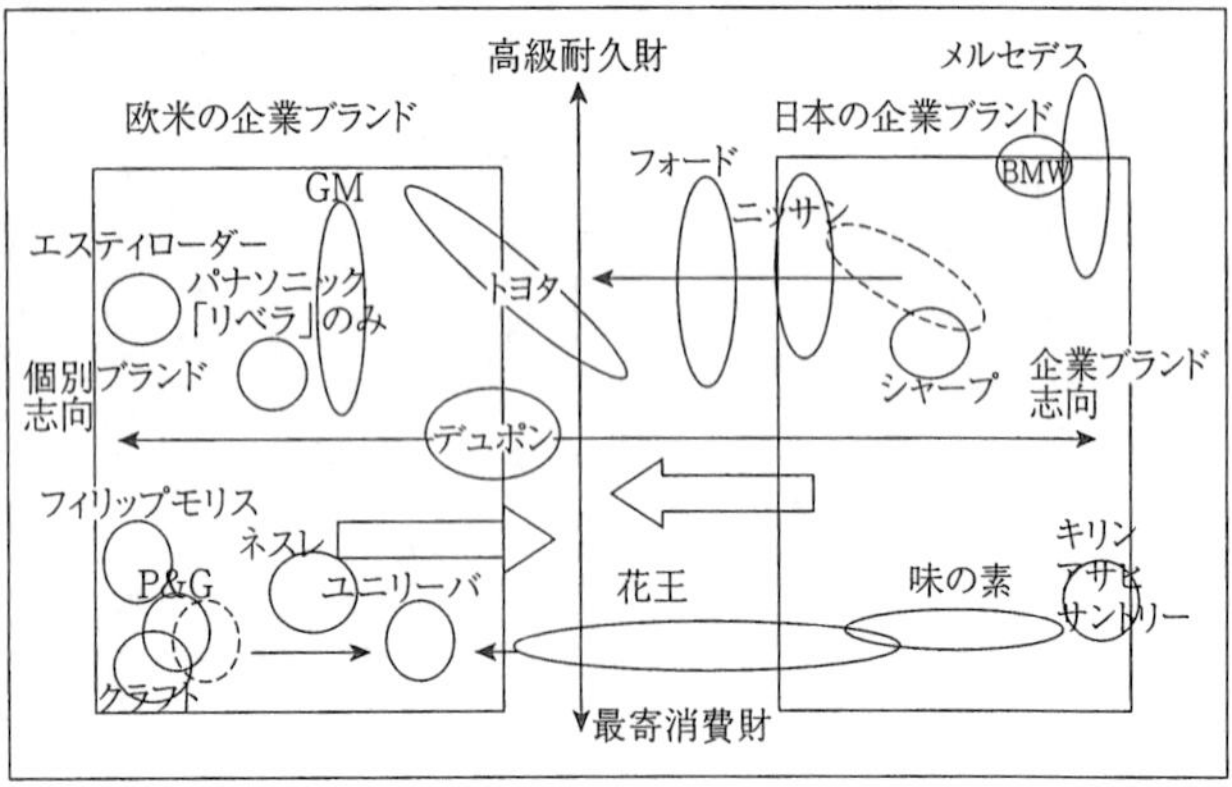

第4章　コーポレートブランドのリスクマネジメント：コーポレートレピュテーション

ここ数年、企業の法令遵守違反や内部統制のゆるみから発生した不祥事が、あきれるほど起きている。エンロンやMCIなど対岸の出来事かと思いきや、このところのTVや新聞で企業トップたちが深々と頭を下げている光景、写真が後を絶たない。不二家の賞味期限切れの材料の使用、パロマ、ノーリツ、リンナイのガス器具の一酸化中毒による多くの死者発生、大手ゼネコンによる公共工事の度重なる談合、不正会計に加担した会計監査会社、およびただしい保険料不払いが発見された東京海上日動を始めとするほとんどすべての大手損保会社、また、地域独占の電力会社であり、日本のエネルギーのリーダー企業でもある東京電力、関西電力、北陸電力などによる原子力発電所の隠蔽事件、そして、日本のトップ銀行である三菱東京UFJ銀行の反社会勢力への融資事件など、実に枚挙に暇がない。

なぜこのような、社会に糾弾され、株価を低下させ、さらには、行政処分を受け経済的にも損害をこうむり、また長い時間をかけて創ってきた信用や名声を失ってしまう、そして企業価値が重要な時代にそれを低下させるようなことになるのであろうか。

大企業であれば、そのビジネスは世界中にネットワークを持っているであろうが、トップのからんだ不祥事であれば、そのニュースは瞬く間に世界中に伝えられる。

いったん傷ついた信用、傷ついたブランドの信用の回復は容易ではないし、ケースによっては、下がった株価への賠償請求や原状回復へステークホルダーから訴訟を起こされることもありうる。同族経営であったり、また経営形態が旧態依然としていたりする場合に起こる最悪のサイクルに関して、『WEDGE』(1)は次のようにまとめた。


＜不祥事が起き会社が崩壊していくメカニズム＞

同族支配、権力闘争で社内に批判勢力がいなくなる
←
業務全体の監視・点検能力が低下
←
業績悪化・伸び悩み―無理な生産・営業―士気低下―内部統制緩み
←

不正・捏造・手抜きなどの不祥事　←

隠蔽、部下への責任押し付け―社内の反発―内部告発　←

他の不祥事も続々発覚―世論の批判―経営陣辞任―業務停止、返品、急速な業績悪化、株価暴落、資金繰り難　←

M&Aの標的になり、自立経営不能に　←

不二家の場合は、まさにこのケースであった。不二家は、最新の菓子製造設備を持ち、成長の可能性の大きな高級洋菓子分野で、効率的な設備を駆使し、「ペコちゃん」ブランドでまだそこそこのサステナブルグロース（継続的成長）を自力ではたせたはずである。不祥事発覚により、企業価値は大きく落ち、何よりも安全、安心という食品企業にとっては命綱であるべきブランド連想を大きく損ねてしまった。当面の全店休業によるダメージも大きいが、失った信頼の大きさは計り知れないものがある。

山崎パンは、最新の菓子製造設備を安く入手したこと以上に、自らのサステナブルグロースのための貴重な新しい事業分野と、ヤマザキにはない菓子のプロフェッショナルと老舗ブランドを極めて安価に手に入れることができた。

不二家の株主、従業員はどのように感じているだろうか。なぜ、このような事態を避けられなかったのか、リスクマネジメントはまったく準備されていなかったのか。発生した時点でのシナリオはあらかじめ決められていなかったのだろうか。

たまたま大手印刷会社を訪問する機会があって、そこのパッケージングミュージアムのようなところを見学させていただいたとき、くしくも今年発売された不二家のチョコレートの最新情報テクノロジーを搭載したパッケージを見ることができた。説明してくれた方は、「この製品は、トレーサビリティを考えてすべてシリアルナンバーを印字されていて、その3D認識記号が印刷されていた。このような、最新テクノロジーを備えた新製品も、事件のおかげで小売店の店頭には予想よりずっと少ない数量しか出なかった」ということであった。なんというギャップであろうか。

レピュテーションマネジメントは明らかにコーポレートブランドのためのリスクマネジメントである。いかにして想像もできない事件に対処するか。企業にとって、想定外の突発的な事件や事故はやはり起こりうる。発生させないためのリスクマネジメントはもちろん極めて重要であるが、そのような不幸な事件、事故の突発を想定したリスクマネジメントサブシステムもまたブランド、特にコーポレートブランドを守る意味では重要である。レピュテーションマネジメントとはそのような事前アクティビティを主任務とする。

コーポレートレピュテーションとレピュテーションマネジメント

コーポレートとは、企業、あるいは企業体のことで、一般にもよく使われる言葉であるが、レピュテーションは、あまり聞きなれない言葉である。日本語にすると「評判」とか「世評」といった意味である。櫻井通晴氏は、『コーポレートレピュテーション』(2)のなかで、「コーポレートレピュテーションとは、経営者および従業員による過去の行為の結果、および現在と将来の予測情報をもとに、企業を取り巻くさまざまなステークホルダーから導かれる持続可能な競争優位」と定義している。コーポレートレピュテーションは、一製品ブランドのように、顧客に対して優れた製品やサービスを提供すること、以外に、顧客だけでなく、従業員、投資家、地域社会、中央・地方政府など多様なステークホルダーとの関係性を有す点でブランドマネジメントとは少し異なるように見える。しかし、コーポレートブランドであれば、レピュテーションはコーポレートそのものに対するものであり、現実には、ブランディングにコーポレート名が同時にセットされたマスターブランド、ファミリーブランドは、同時にレピュテーションマネジメントの対象となる。

　レピュテーションマネジメントは、コーポレートブランドマネジメントそのものであるが、コーポレートブランドマネジメントが、どうしても製品・サービスの顧客あるいは潜在顧客に戦略的ウエートがかかってしまうため、他のステークホルダーすべてに対して管理をする必要から、ブランドマネジメントのリスクマネジメントサブシステムという意味づけが、最も理解しやすいと思われる。

　ブランドマネジャーは常に市場に対峙しており、競争や消費者のウオンツ、チャネルの変化とその変化にブランドのプロミスの満足度を十分にしておくこと、ブランドロイヤルティ、ブランド連想、知覚品質、そしてブランド認知の向上に専心しており、その他のステークホルダーへの対応が常に十分とはいえないことは不思議ではない。

　そのブランドがマスターブランドやファミリーブランドを伴った製品ブランドであれば、（たとえば、「ソニーVAIO」、ホンダアコード）コーポレートブランドに対する影響は、製品ブランドに問題が発生したときには直ちに深刻な事態になる可能性がある。

　したがって、ブランド（コーポレートブランドであれ、製品ブランドであれ）のレピュテーションマネジメントはブランドマネジャーグループかもしくはレピュテーションマネジャーを設置してリスクマネジメント管理をすることがのぞましい。

米国企業のレピュテーションマネジメント

グローバルに事業を進める大企業は、リスクや問題の発生が世界のどの地域でも起こりうる。したがって、従業員に対する統制もまた重要なファクターである。筆者は、米国化学の大手企業の日本法人に九年ほど在籍したが、その体験からすると、コーポレートブランドのレピュテーションマネジメントなどと称しているわけではないが、従業員に対する行動規範（Code of Conduct）の遵守は厳しく求められた。それは、Ethics Manangement つまり、倫理基準を守る、ということであるが、その基本にあるものは、従業員の人格・尊厳を大切にしながら同時に品格ある行動を求めるもの。たとえば、「どんな場合でもうそをついてはいけない」こと。当たり前ではあるが、どんな場合でも徹底されていて、よく日本の会社では、たまに従業員のための会議や宴会に交際費がお得意様接待として処理されるケースが、上司も了解の上で年に一―二回くらいはあるが、この会社では、それを了解した上司も厳しい処分を受ける。オリジネーターの管理職は失職する場合もある。

また、この企業が化学会社ということもあり、セイフティ（安全）に対する行動規範は見事なものがある。毎月、セイフティミーティングが各事業所で開催され、世界中でのセイフティ目標の推移が報告され、各事業所での状況が報告される。工場では事故や火災はつき物であるが、小規模のものであってもそのレビューと対策が確認され共有化される。この企業では、従業員に普段から事故、怪我などが確率的に発生しにくい行動を確認し実施することを求めている。階段を下りるときにはてすりに触れながらおりること。社内会議でプロジェクターなどを使う場合は、コンセントから延びたコードは必ず人が引っかからないようにガムテープで被覆される。必ずガムテープ係がいるのだ。また、社内でも社外でも、大きな会合があるときは、お客様の大勢いる華やかな場であっても、司会の最初の言葉は、非常口の確認である。腕ではっきり場所を示してお客様にはっきり認識させる。もし、何かが起こったときに、あわてず、少しでもリスクを減らすことができるようにという配慮からである。

私事で恐縮であるが、九・一一のとき、その会社の社用で米国に出張し、セントルイスでの仕事を終え、ニューヨークで旧友と会った後、帰国するためにニューヨークの国内線空港のラガーディアでシカゴ、オヘア行きの出発を待っているところであった。ラガーディアからマンハッタンの南端、ツインタワーまでは五—六キロの距離で、総員退避の命令で外に出たときに目にしたものは、ビルではなく、巨大な黒い煙のタワーであった。なんとかホテルを確保してほっとしていたら、早速米国本社から電話が入った。驚いたのは「私は○○というもので、社命で君の担当になった。直ちに救出に向かうので、心配しないように。ここからニューヨークまで車で三時間だ。スケジュールは君が決めてくれ」。そういって、自分のオフィス、携帯電話、夜間の電話を教えてくれた。私は、申し出を、心から感謝し、この精神的バックアップを心底骨身に感じてありがたかった。前日、ニューヨークの日本領事館に電話をかけたときのことを思い出す。日本領事館は、たしか「ご自分の命はご自分でお守りください」という内容の答えで、ずいぶん心細い思いをした。

私は日本国籍ではあるが、私の米国の会社の、災害にまきこまれた従業員への周到な対応に強く勇気づけられた思い出がある。これは、この会社の価値観の一つで「従業員を大切にする：バリューイングピープル」という制度の発動であったのだ。

このような、従業員を大切にする、という精神は、日本の企業の場合は、暗黙知として伝統的に受け継がれているところもあろうが、欧米の場合は、成文化されている。たとえば、ジョンソン&ジョンソンの「わが信条＝Our Koredo」には、会社として最も重要視するものは、J&Jの顧客、つまりお客様であり、次に重要なのは、株主や地域社会ではなく、なんとわが社員であると、明記してある。

最近になって知ったことであるが、UPS（United Parcel Service Inc.）という世界一の宅配会社があるが、ここは、ドライバーが会社の価値を創る重要な資産であるとして、従業員に第一のウエートをおいている。

従業員に報いることで、自社へのロイヤルティを高め、そして能力の一〇〇%以上を発揮してもらうことが、社員本人の幸福にもつながり結果として持続的成長を目指す企業の価値観にも符合する。ということであろう。そしてなにより、社員を深く信頼し厚く報いることでコーポレートレピュテーションへのネガティブネス（マイナス要因）をなくすだけでなく、プラス要因となる顧客、社会、NGO、など会社を取り巻くステークホルダーへの貢献もスムースに行えるという思想なのであろう。

これらに共通する思想、考え方は、企業が、社員、従業員の尊厳を最も大切な資産であることを憲法と同様の「コレド」あるいは信条として明記し、制度化することで社内外に周知させている。ホームページの最初に、会社としての信条とミッションステートメントは明記されている。

また、これらの信条を厳しく守っていくために、これら企業では、定期的に社内でのマインドアイデンティティ、ビヘイビアアイデンティティの徹底のための研修やミーティングがきちんと実施されている。

実際に、これらの企業のコーポレートレピュテーションを表すスコアは高く、J&Jは、たいていの発表されたものではトップクラスの評価を受けている。

しかし、このような高いレピュテーション、つまり、その企業の製品・サービスを受け取る顧客、あるいは将来受け取ることになる潜在顧客だけでなく、会社を取り巻くすべてのステークホルダーに対してこのような評価をしてもらうことは、ヴィジョンが優れていて、その遂行のために多くの教育や研修があり、努力を継続していてもやはり、一方では、それを守れない社員には厳しいペナルティを課すことになる。それほど容易なことではない。

人を大切にするためには、上司による一方的な、個人の尊厳を尊ばない仕事の指示は、パワーハラスメント（パワハラ）として、糾弾される。しかし、そこはなかなか微妙なものがある。「パワハラ」は、ほとんどの欧米大企業では、その訴えが、直接「パワハラ本部」などに電話で相談できるようになっており、そこから会社としてのアクションが起こされる。「訴え」はきちんと受け付けられ、「パワハラ本部」で、関係者に調査が開始される。問題は、「パワハラ被害者」の過剰反応であった場合や、業務として緊急時のやや度を超えた指示、などの場合はどう互いの尊厳を尊びながら対処するかが重要である。また、「セクシュアルハラスメント」、いわゆるセクハラに関しても、多くの欧米大企業ではパワハラの対処方法とほぼ同じような体制がとられている。

また、そのような企業では「倫理規定」の遵守に関しては、社内に会計の専門能力を有すオーディター（監査人）がいて、会計のチェックをランダムに行っており、問題な会計処理があれば、指摘、倫理規定に触れていないかどうかを厳しくチェックする。特に、発展途上国での不明な取引に関するものがよく阻止されているようだ。ほとんどの社員は問題を起こさないが、一〇〇カ国以上でビジネスを行っているようなケースでは、ついつい相手の要請に応えてしまったというケースもありうるのだ。何カ月かに一回、筆者もそのような残念なメールを受け取ったことがある。つまり、どこかの国の従業員が、業務上不適切なお金を取引先に渡した、というものだ。その当事者だけでなく、場合によっては上司、またその上司にまで監督責任が及び、職を失う。

日本の場合は業界団体あるいは業界の協議会が官の指導もあったりして一般的である。そこでは、よくいろいろな情報を交換し合ったり相談をしたりする。業界の秩序を維持し、安定的にみんなで成長をしていこうという主旨であろうが、これは場合によっては、談合と化す危険もある。特に欧米大企業では、日本のような業界的付き合いはあまり耳にしない。よく言われていたことは、出席せざるを得ない業界ミーティングで、万が一、価格問題が話し合われる際には、席をはずすようにということであった。価格カルテルの談合とみなされれば、コンプライアンス上問題になるだけでなく莫大なペナルティを課され、責任者は長期間の禁固刑を科され、さらにコーポレートレピュテーションは低下し株価を下げ、企業価値を著しく損う。

今でこそ、談合は、地検の活躍できる状況になり、一斉に多くの告発が行われているが、日本の業界では、価格カルテルだけでなく、コンプライアンスぎりぎりの談合はしょっちゅう起こりうる状況にあったのではないかと推察される。

筆者も、若いころセールスプロモーションの効果を発揮させるため景品表示法の判断を可能な限り有利に、ぎりぎりでやることに心血を注いだ経験がある。そのような行動そのものがアンチ・コンプライアンスなのだ。いつ、違反することになるかもしれない、そういう可能性はまったく排しておかなければコンプライアンスはまっとうできない。そのように考えることで、企業をCSR遵守企業としてレピュテーションを守るリスクマネジメントということができるのではないか。これらのことは、まさに日常の教育、そして企業に属する社員の思考回路になっていなければならない。

CSR購買に関してもしかりであろう。ソニー、イオンはじめ外資系企業、あるいは大手企業はCSR購買を開始しているし、多くはその準備をしている。原材料の調達先が海外の場合も多く、取引先の企業が不当な労働を労働者に強いていたり、不衛生な職場環境のなかで算出されたものを購入することを事前に防止することをねらっており、非人道的な環境下での製品・サービスは一切取り扱わない調達・購買システムを志向している。これは、かつてナイキがスポーツジャケットをバングラデシュから輸入調達していたが、非常に安い労賃で過酷な労働を強いていたことがNGOにより世界中にネットで報道されて、ナイキが特にその中心的なコアユーザーである大学生グループから不買運動を起こされ、結果として、NGOの監視カメラを取り付けることで落ち着いたが、ナイキの株価は四〇%も目減りし、大きく企業価値を落としてしまったことが発端である。

ＣＳＲ調達・購買も、コーポレートレピュテーションのリスクを未然に防ぐプロアクティブなリスクマネジメントサブシステムの一つといえよう。

ＲＱ指数

レピュテーションマネジメントを取り扱う上で、レピュテーションスコアを数値化したものもいくつかある。なかでも、ハリス社の指数である、ＲＱ指数がある。

筆者がブランドマーケティング論の講座を持っている立教大学大学院のビジネスデザイン研究科（経営学修士コース）のゼミ生で、修士論文にレピュテーションマネジメントを選び、このＲＱ指数方式を参考にして実施した研究がある（３）。わずか一年の研究のなかでの結果であるが、およそ四七〇の普通の消費者とサラリーマンという限定されたステークホルダーであるが、ウェブサーベイの結果を検討分析し、日本の企業のレピュテーション分析を行った。

筆者のゼミとしても初めての試みで、まだまだ検討をしなければならないところが多いが、示唆するところが大変有益であったので、研究者、小具龍史君（立教大学大学院博士課程後期）の論文のなかからキーファインディングス（主要指摘点）だけを紹介したい。

レピュテーションの定義について

まず小具氏は、レピュテーション（評判）なるものの定義について、既存のさまざまな定義をレビューし概観した上で、

「レピュテーションとは、簡潔に言えば、常にコーポレート・ブランドと外部・内部環境との間に位置し、企業不祥事などのマイナス要素を緩和し、成長に繋がるようなプラス要素をブランドに取り入れる存在であると考えられる」と解釈している。

また、当該領域の先駆的な研究者であるCharles J. Fombrun & Cees B.M. Van Rielらによれば、そのレピュテーションを構成する資産としてあげられるのは、「ブランド・エクィティと、ステークホルダーとの間に蓄積された関係性である」という（出所：Fombrun, C. J. & Van Riel, C. B. M.（2004a））。

このような定義付けおよび先行研究のレビューを行うなかで、当該領域においては特に、国内企業に関する研究が少ないという点について指摘し、これを行う具体的な研究の調査・分析方法として、

「国内企業（日系・外資系企業）におけるレピュテーション・マネジメントの現状把握とその効果的な実現に向けた方向性に関する具体的な検証」を行うための基礎的な分析として、国内企業におけるレピュテーション調査を実施している。

事前仮説として、評価の結果はFombrun, C. J. & Van Riel, C. B. M. らのRQ調査の分析結果やオグルビー&メイザー社のレピュテーションZの調査結果からも明らかになっている事実と同様に、いわゆるブランドイメージの評価を決定する際にも重要な要因として影響する「情緒的なアピール」に属する要素が、レピュテーションの高い企業に共通して強く影響するのではないかという観点から設定した。また同時にこの結果は、業種別に観察した場合にも相違点が出てくるであろうとの予測から、大きく七つの分類（製造業・卸売業・銀行証券など金融業・建設不動産業・情報通信業・電力ガスなどエネルギー業・その他）に分けて、すべての業種について回答してもらう形式で調査票を設計した。

具体的には、「情緒的アピール」領域に属する項目である好感度・尊敬度・信頼感、「製品とサービス」である製品・サービスの品質・革新性・価格に見合う価値の提供、そして「職場環境」である従業員への公平な処遇・従業員の質や能力、「財務パフォーマンス」である収益性・投資リスク・将来性、「ビジョンとリーダーシップ」であるトップによるリーダーシップ・明確なビジョンによる経営、そして「社会的責任」である積極的な社会貢献活動・環境への責務・地域社会への責任を主要な評価指標として設定した。

国内企業におけるレピュテーションの測定・評価

本調査は二〇〇六年八月一四日～一八日にかけて、全国の二〇代～六〇代の男女を対象としたインターネット調査により実施し、有効回答者総数は四七二サンプルという結果であった。今回の調査では、七業種すべてについて回答してもらっており、実質的な有効回答数ということでみれば三、〇〇〇サンプル以上ということになる。

結果については、紙面の都合もあり製造業の上位の結果のみにとどめる。

製造業における高レピュテーション企業の上位五社は、松下電器産業が八〇・五三ポイントで一位となっており、次いでトヨタ自動車が八〇・四三、キリンビール七九・九〇、シャープ七八・五三、ソニー七六・〇三という順番となった。なお、評価指標については当初仮説の通り、レピュテーションの高い企業では「情緒的アピール」が高いという傾向がみられた（図表）。

また今回の調査結果の分析により、高レピュテーション企業群では、明確なビジョンによる経営が行われ、社会的責任も果たしていると評価される企業は、将来性や収益性などの財務面にその影響が表れ、資金の投資により製品・サービスの品質・価値が高められることで、顧客からの信頼感や好感度、尊敬度などの情緒的アピールを形成する。またこの形成には、社会的責任（特に積極的な社会貢献）も少なからず影響する流れがあるというような傾

製造業における高レピュテーション企業トップ５

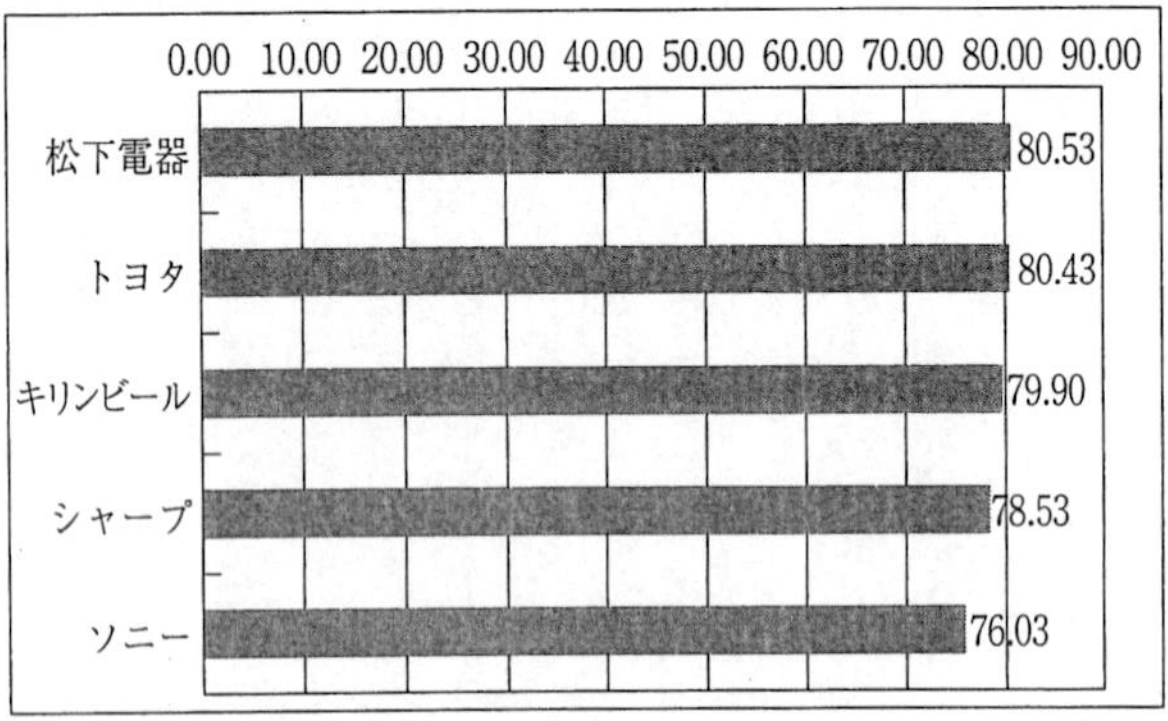

製造	企業名	度数	RQ
1	松下電器	28	80.53
2	トヨタ	25	80.43
3	キリンビール	28	79.90
4	シャープ	38	78.53
5	ソニー	38	76.03

向がみられることが確かめられた。

レピュテーションの向上

レピュテーションの構成要素とは、前述した通り「ブランド・エクイティ」と「ステークホルダーとの関係性」の二つの要素である。

まずブランド・エクイティを構築していくためには、製品・サービス自体の品質はもとより、顧客に渡るまでのデリバリーを含めた一貫した統合管理を行うという考え方が重要となる。企業活動のすべての接点における対応が評価を決めることになるのである。

レピュテーションの向上は、消費者（潜在的な顧客や既存顧客）のコーポレート・ブランドへのロイヤリティ（忠誠心）が向上したか否かによって測られる。

一方、もう一つの要素であるコーポレート・レピュテーション（ステークホルダーとの関係性の蓄積）の構築は、企業を取り巻くステークホルダーとの時代背景を考慮した関係性の築き方、つまりステークホルダーごとにコミュニケーションを管理する必要がある。企業を取り巻く状況は常に変化し続けている。訴求するべき対象もまた、時代背景や状況によって当然変化してくる。企業は、その活動を伝えるべき重要なステークホルダーとの接点に対して繰り返し自社の理念を含めたメッセージをアピールしていくということが、強固な関係性を育てていくと考えられる。たとえばイオンが植樹活動を行っているとか、日産が教育財団を主宰していると聞けば、外部のステークホルダーの反応は「がんばっている企業である」とか「社会的責任にきちんと取り組んでいる企業である」といったイメージを持った関係性が規定される。また、従業員をはじめとする内部のステークホルダーに対しては、「自分の会社のCSRに対する考え方を体現できる」ことや「そういう活動で社会に貢献している企業の一員であることが誇らしい」といった感情が芽生え、自社に対するより一層のロイヤリティ強化につながってくるのである。

イオングループには、創業の精神として「お客様を原点に平和を追求し、人間を尊重し、地域社会に貢献する」という考え方があるという。これは、戦後間もない焼け野原を見て、創業者が着想したといわれる企業理念である。現在ではどの企業でも当たり前のようにスローガンとして掲げているCSR的な考え方を、当時すでに持っていたということは驚きの事実である。社内においてレピュテーションという言葉は馴染みがないが、従業員は、このような理念から行われる自社の社会貢献活動に対する便益を感じることが非常に多いと答えている。

国内・外資系企業におけるレピュテーションの実態

小具氏は、この論文をまとめるにあたり、多くの先行研究も行っているが、多くの内外企業を訪問してインタビューをした結果、その結果を次ページの表にまとめている。この結果から、外資系企業と国内企業とを比較した場合の傾向として、レピュテーションに関する認識・取り組み度合については外資系企業の方が高く、レピュテーション・マネジメントの実施についても国内企業に先んじて取り組まれていることがわかるのである。

以上のような結果を踏まえ、小具氏は、「企業は現在、自社のブランドについて改めて考え直さなければならない時期に来ていると言える。つまり明確なミッション、ヴィジョンを持ち、CSR（企業の社会的責任）という意識を持った上で健全な経営を行い、信頼されるコーポレート・ブランドを構築・維持・管理していく必要があるということである。これを追求するということは即ち、「企業として信義に悖らない活動を行い、信頼される存在となる」という企業が本来果たすべき、最低限の社会的責任を追求することに他ならないのである。」と結論付けている。

小具氏の論文のほんのわずかのエッセンスしか紹介できないことは残念であるが、この研究から得られたものは、大変に貴重な示唆を含んでいる。ここには詳細に紹介していないが、高レピュテーション企業の上位五社の統計的な分析から、ステークホルダー（ブランドの顧客も含めた）からのレピュテーションは、その企業のヴィジョンや信条（このことが伝わっていなければならないが）への高い好感・尊敬からはじまり、製品やサービス、企業への高い

	国　内	外　資
①レピュテーションの捉え方	□レピュテーションという言葉自体を知らない・聴いたことがない	□レピュテーションへの認知は高く，ステークホルダーとの関係性構築における重要な要素として捉えている
②レピュテーション構築，マネジメントへの取り組み	□レピュテーションと意識してマネジメントしてないが，CSRへの取り組みが，それに対応するものであるとの認識が多い □特に専管組織・職制などは設けてはいない	□企業によって独自の取り組み（評価手法・組織浸透方法の蓄積，保有）が見られる □専管の組織・職制を設けて対応している

評価、そして最終的な好感への高い評価を経て、評判に発達していくプロセスをとることが考えられるということが確かめられた。

この研究における調査結果は限界も存在し、学説を左右するほどの重みがあるわけではないが、企業のコーポレートブランド連想、ブランドマネジメントの方向を考える上で、大きな示唆の一つになる内容であったことを付記しておきたい。

レピュテーションマネジメントは、マーケティングの世界でも新しい分野であり、小具氏のような新進の研究者がさらに理論的基盤を整備してくれることを期待している。筆者は、このレピュテーションマネジメントは、ブランドマネジメント、おそらく特にコーポレートブランドマネジメントには欠かせない分野であり、ブランドマーケティングマネジメントのリスクマネジメントサブシステムであるという位置づけをしている。

コーポレートブランドであれ、事業ブランドであれ、個別の製品ブランドであれ、ブランドにシンボライズされる事業、製品への社会的責任はまったく同じくらい重いものである。個別製品ブランドであっても、マーケティング努力の多くは顧客のためにあるが、同時にすべてのステークホルダーへの配慮は欠かせない。そういう時代でもある。

企業あるいはブランドのビジョン、信条は、ブランドエッセンス、ポジショニング戦略のコピーストラテジー（五章のポジショニング戦略を参照）にも込められている。ジョンソン

&ジョンソン社（クレド、我が信条）のように、ホームページなどで自らの経営信条を明確に宣言しているところもある。

マーケティング活動や企業活動を通じて、企業の信条、ブランドの信条が常に伝わっていることが重要であるということである。

「ノブレスオブレージュ」（Noblesse Oblige）という言葉があり、これは領主は領民を守る義務を有すという中世のヨーロッパからきたものである。現代に言い換えると、高い地位にある人は、社会に対して高い徳性を発揮すべきである、といった意味になろう。企業、特に大企業は現代でいえば領主のように大きな社会的影響力を持つわけだから、高い徳性をその企業活動、ブランドアクティビティを通して社会に貢献しなければならない。

企業もブランドもノブレスオブレージュを体現すべきなのである。

「会社の品格が社長の品格を超えることはない」といわれるが、経営ヴィジョン、経営信条を体現する経営こそが、リスクをはねのけ、またサステナブルグロース（持続的成長）を促すことになる。

※本調査は、株式会社CPP社の協力により実施された。同社保有のCAPATモニターを利用。

第5章　ブランドマーケティング戦略へ

ブランドマーケティングの基本戦略からその実践に関しては、拙著『ブランドマーケティングマネジメント入門』（1）にも詳しくのべてあるので、マーケティング戦略構築に関してはそちらを参考にしていただくと良い。

ブランドマーケティングの考え方

通常、マーケティング、マーケティング戦略といったように、ブランドが頭についたブランドマーケティングという言い方は、あまり目にしてこなかったのではないだろうか。もちろん優れたマーケティング書はこれまでたくさんあり、そのなかにもブランドやブランディングについて多くを割いているものも多い。第一章の「ブランドとは」でも詳しく触れてきたようにまさに現代はいよいよ情報過多の時代であり、効率的な事業、マーケティングを実施していくためには本当に研ぎ澄まされた鋭いコンセプトで、それを最も好きになってくれそうな絞りきったターゲット層に、これまでそこそこ使っていたものの代わりに「これはどうですか？」とターゲットの心にピッタシ伝わるコミュニケーションを、また、ピッタシのメディアで伝える、といったことでもないと、うまくいかない時代になっている。

いったん「よいものが出たな」、「ちょっと試してみたいな」と思っても、なかなか自分でさがせなかったり、欲しいなと気をつけていても、今度は思い出せなくなり、そのうちにすっかり忘れてしまう。次々に新しい製品や情報が頭のなかを満たしては消えていく。

そのうち忘れてしまったり、思い出すのに時間がかかったり、とストレスの多い時代になってきたのだ。東京のような日本のすべてが集中するような大都市では、人が一日に出会う広告情報だけでも数千にのぼるといわれる。

マーケティングは、効率的に的確に行われなければならない。

新製品の成功率は年ごとに下がっているといわれる。リスクミニマムプログラムの専門コンサルティングのイプソス・ノヴァクション社によれば、一九六一年には五五％だった成功率は八一年には三五％、九一年には二〇％となり、成功の定義によっては一〇％もないのではないかと危惧される。先のイプソス・ノヴァクション社によれば、それでも導入後五年以内の製品が企業利益の三割を占めていることを考えれば、新製品の開発や導入はサステナブルグロース（継続的成長）を念頭に置けばやらざるを得ないことは明白である。

ブランドは、製品やサービスを象徴するマークであり、自分の欲しいものの記号であり、信号であり、欲しい機能であり、性能であり、欲しい気分であり、感情であり、世界であり、生活そのものである。

成功率が一〇%、二〇%という時代に、マーケティングを成功に導くためには、いくつかの工夫が必要になってくる。象徴する中心がブランドであるかぎり、すべての軸がブランドを中心に動いていくことが求められる。そして重要なことは、ブランドが中心に計画が構築され、実行されていくことを可能にする組織が不可欠である。

ブランドマーケティングと呼ぶ理由はそこにある。

普通、大きな会社には、企業ブランドがあって、事業ごとの事業ブランド（カテゴリーブランド）があって、場合によってはその下に製品ブランドがある。しかし、ブランドという無形資産が企業価値の七、八〇%になろうというときに、経営者、特にCEOの何割のかたがたがブランドのことを真剣に考えて、取り組んでいるだろうか。

ブランドごとのプライオリティ、つまりブランドポートフォリオは社内で十分に議論され、あるいは強力なリーダーシップでまとめられ企業の中心的価値として理解されているだろうか。企業のリソースアロケーションはブランドポートフォリオをベースに行われるべきであり、どうしても利益を生み出さないビジネスはスクラップされ、どうしても補強したい事業は買収し、強力なビジネスポートフォリオ＝強力なブランドポートフォリオを維持しながらサステナブルグロース（継続的成長）へ向かわなければならない。

こういった事業運営、ブランドポートフォリオ運営を的確に行っていくためには、ブランドマネジャー体制が確立された組織が不可欠である。

ブランドマーケティング執行組織

ブランドマーケティングは会社経営そのもの。

ブランドの価値を最大限に生かし、また社内リソース（設備、人材、組織、情報ネットワーク）を最も効率的に活用し、事業の最大限のアウトプットを得るためには、ブランドマネジャーをトップとした組織が社内に確立していないといけない。

ブランドマネジャーはそのブランドの事業部長でありまた、カンパニーのCEOである。社内のすべての組織はブランドのカンパニーのスタッフ組織であり、サポート組織でなければならない。

概略図は、次の通りである。

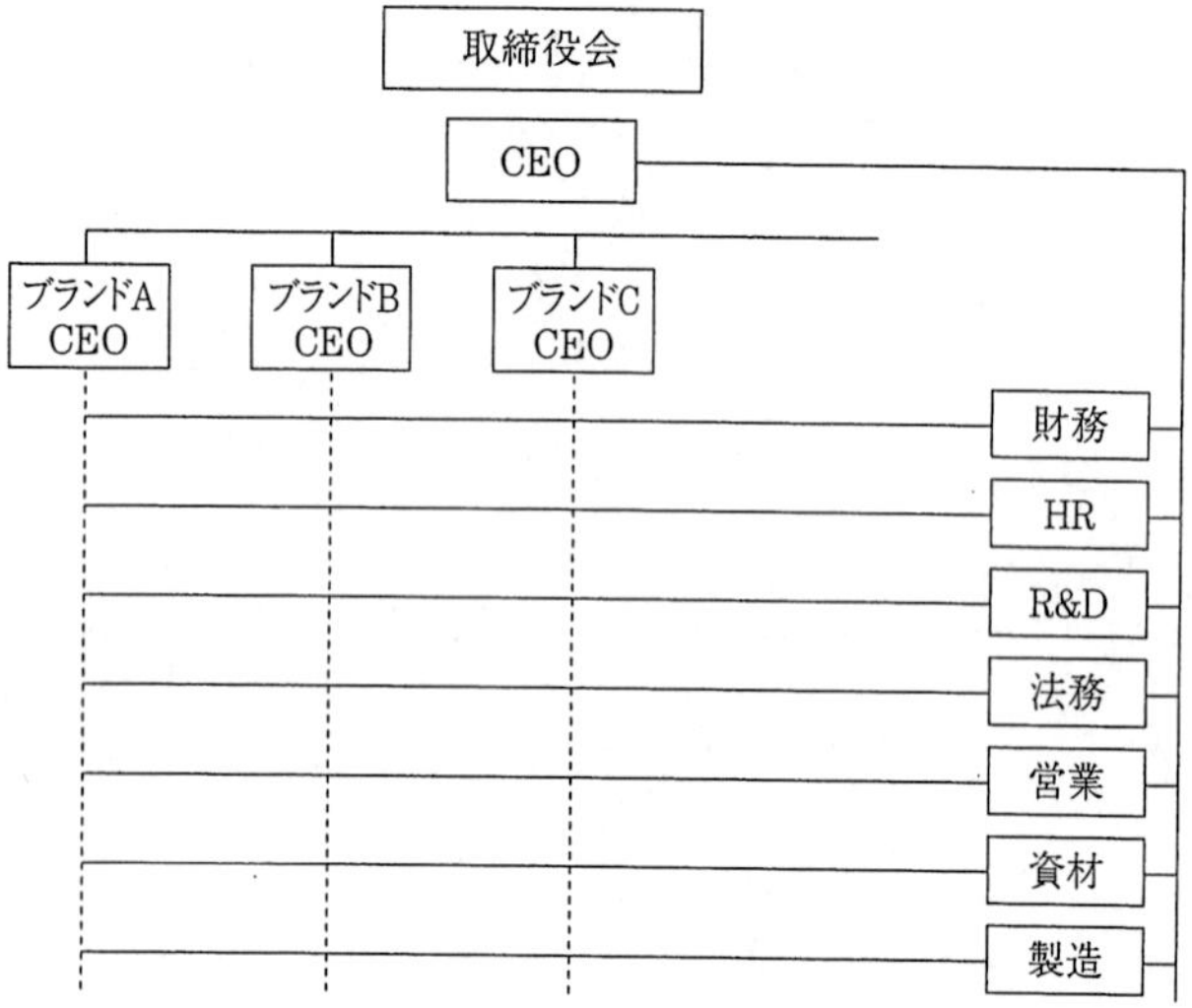

このマトリックス組織は、ブランド（おそらく事業）ごとのライン組織に、スタッフ組織としての財務、R&D、製造、人事、営業、法務などが横串で各ブランドラインを支えていく形になっている。ブランド（事業）間の強弱はもともとブランドポートフォリオ戦略としてブランドマネジャーより上位の経営組織の意思決定で決められる。

ここで、スタッフ組織にはほとんどマーケティング関連の部門や機能がないことに気がつくと思うが、それらの機能はすべてブランドマネジャーのなかに具備される。それは、次ページに例示されている、ブランドマネジャーの職務規定（ブランドマネジャージョブディスクリプション）をみていただくとその詳細がわかるが、そのブランドに関する長期計画、年次計画、企画開発プログラム、マーケティング計画（競合戦略としてのポジショニング戦略、製品政策としての製品コンセプト戦略、ターゲット戦略としてのマーケットセグメンテーション戦略、そして資源配分、費用配分戦略としてのマーケッティングミックス戦略）、以上の基本戦略を明確に規定した上でのマーケティング戦略（広告戦略：表現戦略・媒体戦略、セールスプロモーション戦略、価格戦略、流通戦略、PRパブリシティ戦略）、年次マーケティング計画、など当該ブランドに関するあらゆることに責任を持つ。

以上のようなリスポンシビリティ（責任）に加え、具体的なアカウンタビリティ（数字説明責任）は、売上、税引き前利益、マーケットシェア、ブランド知名度、購入経験率、（トライアル、リピートモデル）、購入意向率、量販店、小売店取り扱い率など。

ここに、紹介したブランドマネジャーのジョブディスクリプション（職務規定）は、筆者がマーケティングディレクター（事業部長）をしていたときに、ブランドマネジャーたちに課していたもので、欧米の消費財のメーカーのものとしてはおそらく一般的なものだと思われる。企業文化の一部分、コーポレートアイデンティティ（ブランドアイデンティティといいかえることもできる）のうち、MI（マインドアイデンティティ）あるいはBI（ビヘイビアアイデンティティ）の継承となるべきものであろう。

ブランドマネジャーのジョブディスクリプション（職務規定）

1．事業計画策定

業務目標	主 作 業	関連部門
1）新事業領域策定	・新製品アイデア，コンセプト設定	広告代理店 経営企画室
	・新製品市場領域（ビジネスソース）	市場調査部
2）ポジショニング設定	・競合内位置づけ確認	
	・キーエネミー明確化（主たる敵）	
	・社内の位置づけ（事業ポートフォリオ，ブランドポートフォリオ）	経営会議・取締役会
3）事業規模測定	・事業測定	
	・フィージビリティスタディ	
4）ターゲット設定	・マーケットセグメンテーション	
	・消費者ターゲットプロファイル設定	
5）コストターゲット設定	・フォーミュラ，パッケージ，トータルコスト	R&D，工場，資材
6）開発方向稟議起案	・目的，製品概要，基本目標 5カ年 P&L，設備投資	経営企画室，財務 経営会議
7）開発プロジェクトチーム	・推進プロジェクトチーム発足 ・社内各部門コーディネート	広告代理店，市場調査，R&D，工場

2．製品開発

業務目標	主 作 業	関連部門
1）フォーミュラ開発（ブレンド，イールド，ローストカラー，オイル）	・競合に勝つ製品開発・コンセプト	R&D
	・開発方向打ち合わせ	製造部
	・対ターゲットアクションスタンダード設定	市場調査部
	・開発候補の消費者テスト（CLT, HUT）	
	・消費者テスト分析評価 フォーミュラ決定	 開発会議
	・フォーミュラ稟議	経営会議

2）パッケージ開発（ジャー，キャップ，ラベル）	・差別化戦略	広告代理店，
	・デザイナー選定，オリエンテーション	デザイナー，資材部
	・デザイン候補スクリーニング	市場調査部
	・パッケージテスト企画	製造部
	・パッケージグルイン，CLT 実施，評価	
	・製造適性，投資レベルチェック	財務部
	・パッケージ決定	
	・設備設計，発注	経営企画室
	・金型発注	
	・工場ラインテスト	
3）トータルスケジュール管理	・会議主催，承認，製品・パッケージ	工場，R&D，資材部
	・マーケティング計画	経営企画室
	・各部門と折衝，確認，共有化	
4）設備投資確認	・製造（工場），資材，経営企画と打ち合わせ	
	・コストターゲットとの照合確認	
	・設備発注稟議	
5）導入稟議	・稟議書作成（背景，目的，製品概要，導入計画・ブランド・ターゲット・フォーミュラ・パッケージ・価格体系）	製造（工場），R&D，資材，営業本部，I&S，経営企画，広報

3．導入マーケティング計画

業務目標	主 作 業	関連部門
1）マーケティング目標設定	・ブランド，製品パフォーマンス目標設定	広告代理店
	・売上，粗利益，EBIT， 知名度，購入意向，購入経験取り扱い率，トライアルモデル，リピートモデル	市場調査部 営業本部
	・シェア目標，プロジェクション（FS, FTR, FTC, INV）モデル作成	
	・支店別，セグメント別販売モデルの作成	
2）マーケティングミックス	・マーケティング費用分配戦略	広告代理店
	・ブランド役割期待の確認 （売上，，利益，ビジネスポ	

	ートフォリオ） ・投下マーケティング戦略：広告・SPPR，ディールのプライオリティ確認 ・マーケティング費用の設定・確認 ・各マーケティング戦略への配分	
＊3）リステージングの場合 （旧品フラッシュアウト計画）	・導入時の旧品在庫を極小化 ・量販店頭での計画的消化 ・卸店在庫特定エリア集中販売	各支店 特需営業部
4）広告計画 ・商品力を作る最も重要な仕事 ・ブランド，コンセプト徹底認知	・メディアミックスの設定 （TV，新聞，雑誌，交通広告，ラジオ） ・導入広告投下スケジュール設定 ・投下広告（GRP）効果，目標（知名度，トライアル）とのチェック	広告代理店 広報 トップ承認要
5）広告制作	・広告コンセプト，オリエンノート作成（広告目標，ポジショニング，コピー，ストラテジー） ・各チーム広告プレゼン・コンペ ・広告制作チーム決定 ・広告効果事前テスト実施 ・広告事前チェック （CF，新聞，雑誌） ・広告撮影ロケ ・オールラッシュ　ゼロ号，初号	広告代理店 広告制作チーム （アートディレクター，コピーライター，カメラマン，グラフィックデザイナー，スタイリスト等） トップ承認要
6）販売促進計画 ・広告と販売活動を補足する ・販売機会獲得 ・新製品店頭ジャズアップ	・販促目標の設定（トライアル促進店頭効果） ・販促アイデアの開発と効果評価（含むリーガルチェック） ・ブランドイメージ，メディアとの連動対競合差別化チェック	広告代理店，各支店
7）PR 計画	・PR 目標の設定 ・パブリシティアイデアの開発と実施	広告代理店 PR
8）流通政策 ・販売構造変革 ・商品力強化の一	・エリア別，セグメント別，サイズ別，ディストリビューション目標の設定	営業本部，各支店

環としてのディストリビューション確保	・全業態，セグメントのフォロー	
9）価格政策 ・価格安定 （流通，消費者への安心感） ・非価格競争 低ディールを目指す ・流通の利益確保	・競合価格状況の徹底把握 ・競合社の価格への考え方 ー価格体系，販売手数料，リベート ーセグメント別，エリア別納，売価 ・ブランド各段階流通マージンの設定 ・ブランド価格体系の設定 ・セグメント別，サイズ別，価格ガイドラインの設定（定番価格，特売価格） ・ディール枠の設定 ・リベートの設定 ・競合へのリカウンター価格戦略の想定 ・競合上，弱い地域への価格政策	営業本部，各支店 市場調査部
10）販売計画 ・売上目標達成	・月別，支店別販売予算の設定 ・支店との販売計画妥当性の打ち合わせ ・支店とのマーケティング計画共有化	営業本部 支店マネジメント 所課長会議

4．マーケティング計画　導入・実施

業務目標	主作業	関連部門
1）発表会（トレード） ・企業姿勢のアピール ・新製品の紹介	・コンセプト，規模，費用，会場の設定 ・アイデア立案，スライド制作 ・トレード，実施場所管理 支店への依頼 ・案内状	広告代理店，支店 営業本部，ホテル トップ出席
2）（一斉）出荷 ・店頭最大露出による新登場アピール	・定番シェルフの確保 ・導入大量陳列 ・製品のパイルアップ	支店，製造（工場） I&S
3）トレードサンプル 流通への意識付け	・必要数の設定と準備	

ブランド開発、事業開発の初期の段階から、セルフスターター（自ら積極的に動き、他部門に働きかけていく自発的スピリット）であることが求められる。チーム編成、他部門の巻き込み、有力なアウトソースの取り込み、定性調査によるポジショニング仮説の検証、定量調査によるマーケタビリティ（事業性）の確認をへて、事業化計画とプロジェクトの社内承認と開発予算獲得、そして本格的な事業化計画、マーケティング計画、導入承認をえて、発売、マーケティング計画の執行、そしてフォローならびに運営へと、一貫して当該ブランド、事業にかかわり責任を持つ体制である。

日本の多くの諸氏の参考になれば幸いである。

この組織形態は欧米の消費財メーカーでは早くから採用されていた。青木、恩蔵両氏の共著『製品ブランド戦略』（2）の第一〇章〝ブランドマネジメント組織の現状と課題〟のなかの「米国におけるブランドマネジメント組織の発展経緯」によれば、

＜第一期（一八七〇―一九一四）：全国ブランドの成立とオーナー企業家による管理＞

米国初の製品ブランドは、P&Gの石鹸「アイボリー」（一八七八年発売）であったといわれている。従来は小売店の店頭で使う分量に応じて切り売りされるのが一般的であった

が、一つ一つ包装し「アイボリー」というブランドを刻印して発売したことで製品の指名購買が初めて可能になった。

米国ではこの「アイボリー」を皮切りに数多くの消費財ブランドが誕生し、ローカルブランドであったものが交通や通信の発達、生産プロセスや包装技術の進歩、百貨店や通信販売などの新しい流通業態の誕生とあいまって全国ブランドへと発展していった。

この時期では、自社内に一つの製品ブランドしか持たず企業名＝製品ブランド名という企業がほとんどで、ブランドはオーナー起業家が直接管理していた。

＜第二期（一九一五―一九二九）：ブランド数の増加と職能別管理組織の誕生＞

やがて全国ブランドは次第にリーダーシップを確立し（なかでも食品や石鹸、たばこ、フィルムなどの消費財ブランド）急速に業容を拡大、一九二〇年ごろには自社内に多数の製品カテゴリーやブランドを抱える企業が多くなってきた。

そのため、もはや少数の上級管理職たちで管理できなくなってきた。そこで、職能的な専門性と合理的な問題解決能力を有した上級のマネジャーを有給で雇用し、生産部門、マーケティング部門、営業部門に配置する「職能別管理組織」が確立され、市場調査や広告制作、パッケージ開発といったマーケティング活動のなかでも特に専門性を要する領域の活動を広告会社や調査会社が支援するといったビジネススタイルも確立され、広告や市場調査の手法が急速に進歩、全国ブランドの市場浸透を大きく後押ししていった。

＜第三期：ブランドマネジャー制の誕生＞

職能別組織による専門的で体系的な管理は、それ以前の総花的で体系的なワンマン型の経営スタイルに比べて格段に効果的かつ効率的であったが、その一方で一つのブランドに対する責任が二人以上の職能的マネジャーに分散されることによって生じる不効率や、マネジャー間の調整が難しいという問題点も抱えていた。

特に、新規ブランドの開発が活発化し、同一の製品カテゴリー内に複数のブランドを抱えるようになると（今でいうマルチブランド戦略）、マーケティングマネジャーの目がすべてのブランドにいきわたらず、個々のブランドの競争力に差が出るという弊害が出てきた。このことが顕著に起きたのがP＆Gで、弊害を克服するために他社に先駆けて構築した新たな仕組みがブランドマネジャー制であった。

ブランドマネジャー制とは、個々のブランドを均等に育成強化していくために、ブランドごとにその育成と管理に責任を負うブランドマネジャーを配置し、彼らが推進役になって研究・開発・市場調査・広告・販売など、ブランドにかかわるあらゆる部門が協働していく仕組みのことで、各部門がブランド単位で横断的に連携する組織であり、ここのブランドのマーケティング活動が迅速かつ効率的に推進されることが特長である。

＜第四期：ブランドマネジャー制の隆盛＞

第二次大戦後、米国市場の購買力は飛躍的に増大し、その購買力を見込んで幅広い製品カテゴリーで続々と新ブランドが開発され、全国ブランドがかつてない隆盛を迎えた。ブランドの急増に対応するために企業は従来の職能別組織に、製品計画や市場調査等の専門部署を次々に追加し続けたため、大きくなりすぎた組織は官僚主義に陥り、意思決定の複雑化と遅延をまねくこととなった。一人のマーケティング部長が管理するブランドが多すぎたこと、一つのブランドのマーケティング戦略を遂行するためにかかわる部門の数が増えてしまい、とても一人の部長では業務を管理できず、部門間の調整も不能な状態になってしまった。

そこで、一部の企業だけに導入されていたブランドマネジャー制が脚光を浴びることになり、一九六七年までには、大手消費財メーカーの八四％、耐久財メーカーの三四％でブランドマネジャー制が導入されるようになった。

このブランドマネジャー制は、米国では今日に至るまで、ブランド管理のための最も支配的な組織形態として機能している。

日本におけるブランドマネジメントの状況

この米国におけるブランドマネジャー制の歴史は、青木・恩蔵両氏の『製品ブランド戦略』（二六四ページ）から抜粋をさせていただいたが、日本における状況は、いかがであろうか。

すでに欧米企業の日本法人は三、五〇〇社（東洋経済新報社『外資系総覧２００６』）におよび、多くのグローバルに活躍する消費財企業も、ＧＤＰ規模で世界で二位の日本市場で、主要な市場、カテゴリーで、すでに積極的なマーケティング活動を行っており、その多くがブランドを主体にしたブランドマーケティングを行っていることも、また周知のことである。したがって、多くの日本企業が、彼らを強力な競争者としている市場、カテゴリーも数多くあり、その効率的なマーケティング活動を目の当たりにされたこともあろうと思う。

筆者の体験からみると、日本企業でもプロダクトマネジャー制、あるいはブランドマネジャー制をとっているところはかなり増えてきた。大手の食品、飲料、化粧品、トイレタリー企業では、すでに導入をして四〇年をへたところもあると聞いている。しかし、まだ大半の消費財企業でも、ブランドマネジャーがいても職能的組織と混在しているところも多く、実質的にブランドマネジャー制を採用している企業はあまりみないのが現状である。

日本企業では、ブランドといえばコーポレートブランドへの思いが強すぎて、その他のブランドへの真剣な対応がおろそかになっている傾向が否めない。七〇年代にコーポレートアイデンティティ、いわゆるＣＩムーブメントがはやり、コーポレートネームをシンプルにしたり、シンボルマークをリニューアルしたりビジュアルアイデンティティだけは、多額の費用を投下してトップ主導のプロジェクトとしてやりとげて、それで終わりというところも多いように見受けられる。

昨今は、企業価値総額の議論のなかでコーポレートブランドの強化については盛んに議論がある。しかし、製品ブランド、カテゴリーブランドを含めたブランド戦略については、あまり深い議論がない。

特に、ブランドを中心とした最も効率的であるブランドマネジャー制、あるいはブランドマネジャー制を基本とした組織が不十分であることが、欧米一流企業と比較して、トップ企業であれ利益率が低いことへの最大の問題ではないかと思われる。米国では、すでに四〇年前にはほぼ完成していた体系が、日本ではいまだ限られた企業にしか導入されていないことはどのように考えるべきであろうか。

マーケティング効率を考えると、ブランドの一貫した原則が、別組織である広告部門や営業本部部門で最も効率よく、タイムリーに運営される可能性は極めて薄いと思われる。しかし、依然としてそのような組織のままでいる消費財企業が多くみられる。Ｂ２Ｂ企業においてをや、である。

ブランドポートフォリオ、マーケティング目標

基本戦略を始める前に、ぜひとも確認しておきたいことがある。それは、企業のなかで、ブランドや事業がいくつかあるとすれば、中長期的に、それらの優先順位の確認が必要である。これだけは、ブランドマネジメントではなく、コーポレートプランニング（経営企画あるいは社長室。CEOの参謀）の仕事、つまり、CEOの仕事である。どの事業、ブランドが将来にわたって重要であるかということは、企業の基本方針として決めておかなければならない。

ブランドポートフォリオの策定に関しては、ブランドの問題というより経営の事業選択の問題であるので、ここでは詳しく触れない。

ブランドポートフォリオが経営トップより明確になれば、当該事業、ブランドへのリソース配分はおのずから定まってくる。このことを、所与の事実として、当該事業、ブランドは事業計画を練り上げることになる。

目標設定

よく、目標を明確にしないまま戦略、戦術を論じているケースがある。

目標なくして戦略なし、戦略なくして戦術なし。

戦略というのは目標を達成する手段として練り上げるもの。目標をあいまいにした議論は厳に慎むことである。

目標は、定性的な到達時点での状態を表す「状態目標」と定量的な目標値である「数値目標」とがある。いずれも三年後、五年後などを目指した目標を策定する。

「状態目標」

たとえば、「同一カテゴリーでは圧倒的なトップ企業を目指し、社員全員が達成感とさらなる向上を共有できている状態」な

マーケティング目標・例

		2007	2008	2009
売上　百万円		3,500	5,500	6,500
利益　MDP		−500	1,600	2,000
知名度				
	フォトエイド	65%	75%	85%
	オープンマインド	3%	10%	15%
購入経験				
	1年	18%	24%	30%
	エバー	18%	27%	35%
購入意向				
	DWB	17%	19%	21%
	ポジテイブ	55%	56%	57%
取り扱い率				
	スーパー	70%	85%	93%
	CVS	35%	45%	65%
	G&S	10%	15%	15%

ど。「ゴールイメージ」ともいうが、三年では、その途上の「状態」になることもあろう。

「数値目標」

状態目標を数値にすること。当該事業、ブランドをどこまでもっていくのか、ブランドポートフォリオで期待されたものを数値にする。P&Lの売上数量、金額、利益をはじめとして消費財であれば、知名度（トップオブマインド＝最初に思い出したブランド、ノンエイデッドリコール＝思い出したもの全部、フォトエイデッド＝写真知名）、購入経験率（トライアル、一年購入経験、三カ月、これまで）、主使用銘柄、従使用銘柄、次回購入銘柄、購入意向（トップボックス＝DWB：Definitely Would Buy の率）、取り扱い率（量販店、CVS、その他）などがある。

すべてについて、三年間なり、五年間なりの数値を設定し、それを実現するにふさわしい戦略を練ることになる（前ページの例は、数値目標の一例）。

ブランドマーケティングの四基本戦略

マーケティング戦略の構成は、もともと伝統的なマーケティングの4Pというものがある。四つのPで始まる戦略、Product（製品戦略）、Pricing（価格戦略）、Promotion（広告、販促戦略）、Place（流通戦略）である。それぞれの重要性はこれまでの研究者、マーケターの経験してきたところであろうが、ここでは、マーケティング計画、特にブランドを中心にしたブランドマーケティング戦略を実際構築していく際に、現代、どうしても先に押さえておかなくてはいけないこと、どうしても順序だって進めておかなくてはいけないことが私の経験上あって、その体験をベースに最もプラクティカルなものとして、四つの基本戦略にまとめたものである。決して新しい考え方というわけではなく、また荒唐無稽なわけでもないが、この流れで考え、進めていただく方が効率的で有効であると考え、提示するしだいである。

この四つとは、

(1) ポジショニング戦略（これは競合戦略）
(2) 製品コンセプト戦略（これは製品戦略）
(3) マーケットセグメンテーション戦略（これはターゲット戦略）
(4) マーケティングミックス戦略（これは資源配分戦略であり、特にマーケティング諸手段への費用配分戦略）

である。特に頭に置いていただきたいのは、ポジショニング戦略であり、四つのなかでも最上位概念である。すべてのマーケティング戦略を考える上で、先行してポジショニング戦略で大枠を決めなければならない。

どんなに良い技術、製品アイデアがあっても、競争の状態を理解せず、誰のための、どのように定義された市場に導入するかを決めるポジショニング戦略を最初に確定させなければ、効率的な戦略、マーケティングはできない。

ポジショニング戦略の「ポジショニングステートメント」は、その意味では、ブランドおよびそのマーケティングにとって、最も大切で重要なドキュメント（書類）であるといわれる。ポジショニング戦略は、他の三戦略よりも上位にある。現代のわれわれの身の回りには、常に多くの選択肢がある。つまり、ほとんどの業界では厳しい競争があり、新しい製品・サービスの導入を考えるときには、まず競争戦略を明確にしたうえで製品戦略も、マーケティング戦略も構築しなければ、成功の確率が低くなってしまう。

米国のあるメーカーがやはり二十数年前に、ポジショニングについて社内のブランドマネジャーたちにまとめた資料のなかのポイントを記してみたい。

・ポジショニングは戦略的な表現の最も基本的な形で、ブランド開発とマーケティングの青写真とでもいうべきものである。

・ポジショニングの目的はマーケティングおよび開発に従事するものの努力の焦点を絞り込むものである。
・どの商品の場合もあらゆる戦略（商品仕様、パッケージング、コピーの制作、広告、販売促進）に先行すべきものである。
・ポジショニングが重要であるのは、短期、長期を問わずすべての戦略決定のベースになることと、競争が激しくなる市場でポジショニングは競合する方向や方法を示唆するからである。

ポジショニングステートメント

ポジショニング戦略を応用する場合、ブランドの置かれているポジションを次の三つのステートメントで規定する。

この三つの規定、文章は、ブランドマーケティング上、極めて重要なものであり、その後の戦略すべてを規制していく中心になるものである。つまり、当該ブランドが参入する市場の定義、最大の敵のカテゴリーの定義、そして当該ブランドが最も競争優位を持つ強力な差別化点を明確に規定した記述だからである。

以下のこの三つの文章は、これからの当該ブランドの金科玉条の行動規範ともなるべきものであるので慎重に推敲・吟味して、いったん決定した後は、何年もの間、変えずに継承していくほど、重要なものなのである。

①マーケットターゲット（Market Target Definition ＝ MTD）
②フレームオブリファランス（Frame of Referance ＝ FOR）
③ポイントオブディファランス（Point of Difference ＝ POD）

ポジショニングステートメントを、一つの文章で表すと、

「どの消費者層に、XXブランドは有益、有利な商品で、どこが、他社のもの（マーケットターゲット）（フレームオブリファランス）（ポイントオブディファランス）より優れている。

①マーケットターゲット（MTD）

マーケットターゲットは、そのブランドの参入市場の定義をすること。ある意味で市場細分化、マーケットセグメンテーションをすることにもなるが、ここは、次のフレームオブリファランスと異なり、入るべき市場の潜在市場規模を念頭に置くほうが実務的である。ソースオブビジネス（ビジネスの源）ということもできる。

市場の定義の大切さは、もともとこのポジショニングという概念をマーケティングに持ち込んだ米国のマーケティングコンサルタントであったアル・ライズとジャック・トラウトの著書『マーケティング22の法則』（3）に市場定義の重要さの大変良い例が紹介されている。

米国人であれば、大西洋の単独無着陸飛行を成し遂げたチャールズ・リンドバーグのことは誰でも知っている。しかし、二番目に、それを成し遂げた人の名前を聞くと、ほとんど正しい答えがない。一番は良く知っていても、二番となると出てこない。

そこで、少し質問を変えて、「では、女性で初めて、大西洋を無着陸飛行した人は誰ですか?」と聞くと、六割くらいの米国人が、「それは、アメリア・イアハート」と答えることができる。

これは「市場の定義」を変えて聞いてみたことと同じだと、アル・ライズ、ジャック・トラウトはいう。「大西洋無着陸飛行をした初めての人」と「大西洋を無着陸飛行した初めての女性」という質問の違い、つまり、「市場の定義」の違いなのである。

これをブランドにあてはめよう。人は、たいていのカテゴリーで一番という商品はよく覚えていることができる。二番、三番くらいまでは知っていることが多いが、あまりなじみのないカテゴリーや関心のないカテゴリーでは一番のものもおぼつかないかもしれない。

たとえば、「高級なホテルといえばどこでしょうか?」という質問に、たいていの日本人であれば「それは、オークラとか帝国ホテルとかニューオータニでしょう。」、人によっては、「いや今度コンラッドヒルトンが東京にできたよ、とか、パークハイアットは豊かな外人が泊まるらしいよ」とか答えるかもしれない。

しかし、もし、「リゾートホテルとして高級なホテルは?」と聞くとやはり答えは変わってくる。「軽井沢なら万平、箱根なら富士屋、日光なら金谷ホテルが伝統もあっていいよ。」と、いうかもしれない。

高級なホテルでも、「高級」というカテゴリーだけでなく、「高級なリゾート」もあるし、「高級でかつ快適なゴルフリンクスをそなえた」もあるし、「高級でひっそりした快適さ」を誇るところもある。

それぞれが、カテゴリー、つまり市場の定義を持っている。人々に認知されているカテゴリーならば、たとえそれが大きくなくても市場として定義できるのである。むしろ現代の消費者は、自分にだけほしいものを探している。市場はより細分化されてきているということができる。ということは、よりはっきりとした市場の存在を、それをほしがっている消費者にいかに届けることができるのかが重要になってくる。

今、情報過多で、毎日、普通の人が出会う商品やサービスの広告は五—六千に達するといわれており、そのなかで、求められている価値を持つブランドをどうやって正確に伝えていくのかは、伝え方もさることながら、ブランドのアイデンティティをどう作っておくかという作り手、ブランドマネジャーの役割が極めて大切になっている。本書は、そのブランドマーケティングマネジメントを詳細に述べるためにある。下手にグーグルやヤフーをタップしてみても、時に膨大な検索結果が出てきて途方にくれることもあろう。その前に、キーワードとなるべきブランドアイデンティティ、記号がシンプルになっておく必要があろう。

②フレームオブリファランス（FOR）

フレームオブリファランスは、一言で言えば、「このブランドは、XXブランドで代表されるこのカテゴリーにまったく代替できます。」つまり、「私はXXブランドの代わりになれますよ。だから、どうぞXXブランドを使っている人は、私をお使いください」という、宣言であり、言ってみれば、倒すべき最大のライバルの定義、指定であるといえる。

敵、的をはっきり決めて初めて、銃口の的が決まり、攻撃を開始できる。倒すべき相手がいないところに弾幕を張っても戦争にならない。さきの、米国の消費財メーカーのテキストブックは、フレームオブリファランスについて次のように規定している。

・フレームオブリファランスは競合する類似商品の消費者の特定のニーズを満たすための

あらゆる選択肢を包含しなければならない。

・いかなる商品も何らかの形で競合または代用する。商品のフレームオブリファランスを確認することは「この商品は何の代用になるか」に答えることである。

・一般に消費者は新しい商品を現存する市場構造のなかに入れ、新しい市場構造を創造しないものである。だから新製品のフレームオブリファランスの選択は現存の市場構造の理解から始まる。

大事なこと重要なことは、あるフレームオブリファランスの一つとして商品を位置づけることで、その商品群のよいところ悪いところすべてが、その商品にも期待されるということ。したがって、悪いところをできるだけ取り除いて新しいすばらしい長所をつけることである。まったく新しい市場に新製品を出しても、消費者にはどこにあてはまるのかがわからない。

したがって、「アンチーポジショニング」コンセプトである、「チューブレスタイヤ」、「カフェインフリーコーヒー」や「ファットフリーソーセージ」などは効果的である。

③ポイントオブディファランス（ＰＯＤ）

ポイントオブディファランス（ＰＯＤ）は、そのブランドの持つ優位な強み、特長である。いくつかの特長があっても、最も強い差別化点、強みをはっきりさせるほうが良い。良い点をいくつかにわたって明確にするのは良いが、最も強い、競争優位な差別化点などは、そうたくさんあるものではない。一つに、絞っておくことが肝心である。

そしてこのポイントオブディファランス（ＰＯＤ）は、同時に記述するコピーストラテジーのキーベネフィット（主要便益）に通じるものである。

また、このＰＯＤブランドの差別化点は、フレームオブリファランス（ＦＯＲ）で規定するカテゴリーでのキーエネミー（最大の倒すべき敵）、最大の競合に対して、競争優位を持つものでなければならない。

＜競争優位なポイントオブディファランス＞

・消費者に印象付けたい特定の消費者にとっての利点ということになる。

・それは製品または感情に起因した、製品の物質的特性に矛盾しない消費者の最終利益となるもの。

・製品の利点が一つ以上あっても、使用するＰＯＤ（ポイントオブディファランス）は一つに絞るべきである。二つ以上の利点を持って。

・他社の製品と差別化することは現実的ではないし、ポジショニングも不明瞭になる。

・選択したＦＯＲ（フレームオブリファランス）のなかで消費者にとって一番ありがたい

POD（ポイントオブディファランス）、たとえば「最もよく汚れが落ちる」とか一番の悩み「汚らしい」を解決してくれるPOD（ポイントオブディファランス）をうたえるものなら大変強力である。

＜アル・ライズとジャック・トラウト＞

・一九八二年、「ポジショニング」という言葉がこの2人によってマーケティングの世界にもたらされた。

・ポジショニングとは、見込み客のマインドのなかに、あなたのブランド＝製品をどう位置づけるか、という話。

・彼らは、ポジショニングを何よりもコミュニケーションの問題ととらえている。

・それぞれのカテゴリーで最初に登場したブランド、もしくは最高のブランドしか人々の記憶には残らない。

・製品は、どうポジショニングされるかという意図に基づいて設計される。製品戦略は、ポジショニングのあとに決定される。

コピーストラテジー

コピーストラテジーは、ポジショニングステートメントを記述する際に、同時に書いておくものである。コピーは、広い意味のコピーで、広告表現戦略、つまりクリエイティブストラテジーと同意である。

ポジショニング戦略に立脚した、消費者へのコミュニケーションの戦略にフォーカスして規定していくものである。

したがってコピーストラテジーは、対消費者コミュニケーションに関したすべての戦略、戦術を拘束する。

広告表現のみならず、パッケージデザイン、セールスプロモーション、イベントの消費者露出部分、ＰＲパブリシティの表現部分などすべてにかかわってくる。

①ターゲットオーディエンス（広告訴求ターゲットユーザー）

まず広告、コミュニケーションを最初に伝えたい層の定義である。広告、コミュニケーションは、前にも述べたように、平均的な日本人が一日に受け取る商品、サービスの広告情報が、ＴＶ、新聞、雑誌、ラジオといった四媒体以外に交通広告、屋外広告、ビルボード、ダイレクトメール、チラシ、電話、インターネットを通じて六、〇〇〇近いといわれており、よほど関心のある人にフォーカスしたシンプルで明確な情報でないとほとんど届かないといわれている。

ターゲットオーディエンスは、マーケットターゲット（ＭＴＤ）をもっともっと絞込み、本当に狭くシャープに決め付けた訴求ターゲットのことである。

したがって、よくそのターゲットオーディエンスをもう一人の個人として、そのライフシーン、プロファイル（詳細な横顔）を描いて、その狭いターゲットが心から受け入れるようなクリエイティブ（表現）を作り上げる。

すると当然に、その狭い層には強く伝わるが、またそのトレンドセッター（流行に敏感な人）のすぐ近くにいてトレンドセッターに影響を受けている何倍かの層も同じように感じ、さらにその何倍かの層にも伝わるコミュニケーションになる。

シャープでシンプルであればあるほどコミュニケーション力は強力で、ターゲット層を拡大すればするほど、コピーはあいまいになっていき伝達力は比例級数的に衰えていく。万人に伝えようとする広告は、現代では誰にも伝わらない広告である。

ターゲットオーディエンスを絞り込む重要性は、さらに増している。

②キーベネフィット（主要便益）

言いたい良い点はいくつもある。ほとんどのマーケターが失敗をするところである。どんなに言いたいことがたくさんあっても、伝えるべきベネフィットは、たった一つにしなければばならない。

しかし、営業担当常務とか社長とかが必ず言う。「少なくともこのことと、これと、これだけは絶対言ってもらわないと困る」。

そして、結局何も伝わらず、「広告など役に立たない」、となってしまう。

もともと、一五秒のなかに込められる主張は一つがやっと、さらに、それでもある露出量がないと忘れられてしまう。キーベネフィットは一つだけにしないと、絶対に伝わらないと信じてほしい。

③サポートフォープロミス（リーズンホワイ）

キーベネフィットのよさのよってくるところの理由のことである。これは、そのことを直接言うのではなく、ＣＦでもグラフィックでもそれと感じさせるつくり方をする。

④トーン＆マナー

ＣＦやグラフィック、あるいはパッケージングの調子や雰囲気。和風、ウエストコースト風、ヨーロピアンエレガンスといった作品全体を一貫して流れるムードのこと。基本的にはブランドアイデンティティに矛盾しないようにしなければならない。

ビール類のポジショニンググリッド

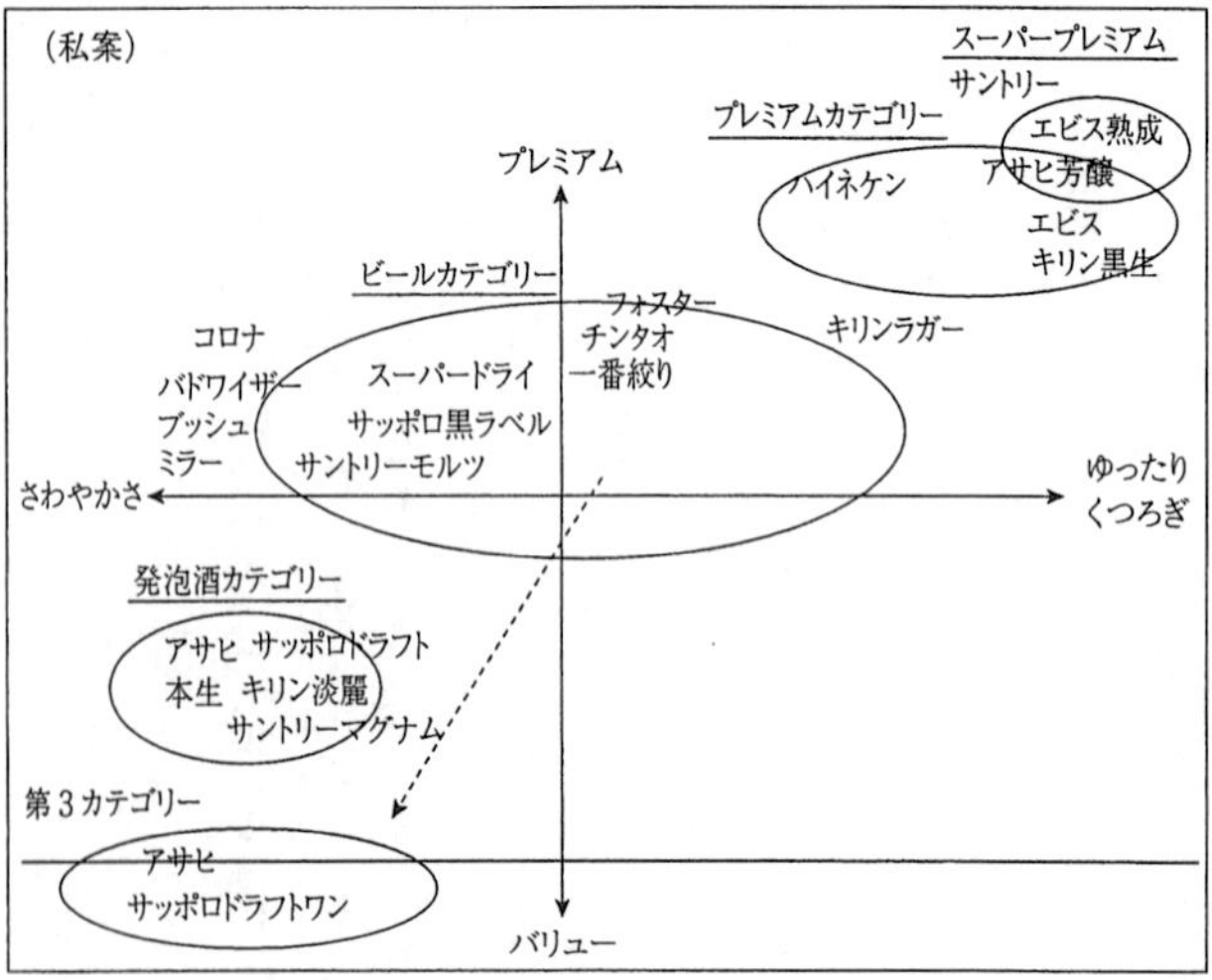

いくつか、ポジショニンググリッドの実例をあげてみたい。

このところのビール業界は、税率も低くまた飲み口の軽い焼酎、特に女性にも好まれる薩摩焼酎、いも焼酎の大きな伸びや、人口、所得の低迷から、成長が止まり企業の収益の頭打ちがはっきりしてきた。ビールの売上に占める酒税の大きさに着目した製品開発は、発泡酒、そして第三のビールへと発展し、ビールという商品自体のカテゴリー定義を変えようとしている。

従来のビールのコンセプトは縦軸の価値・価格軸、横軸の「ゆったり・くつろぎ」「さわやかさ」のポジショニンググリッドのほぼ中央に位置する。発泡酒、第三のビールカテゴリーは、ビールより当然安

インスタントコーヒーのポジショニング

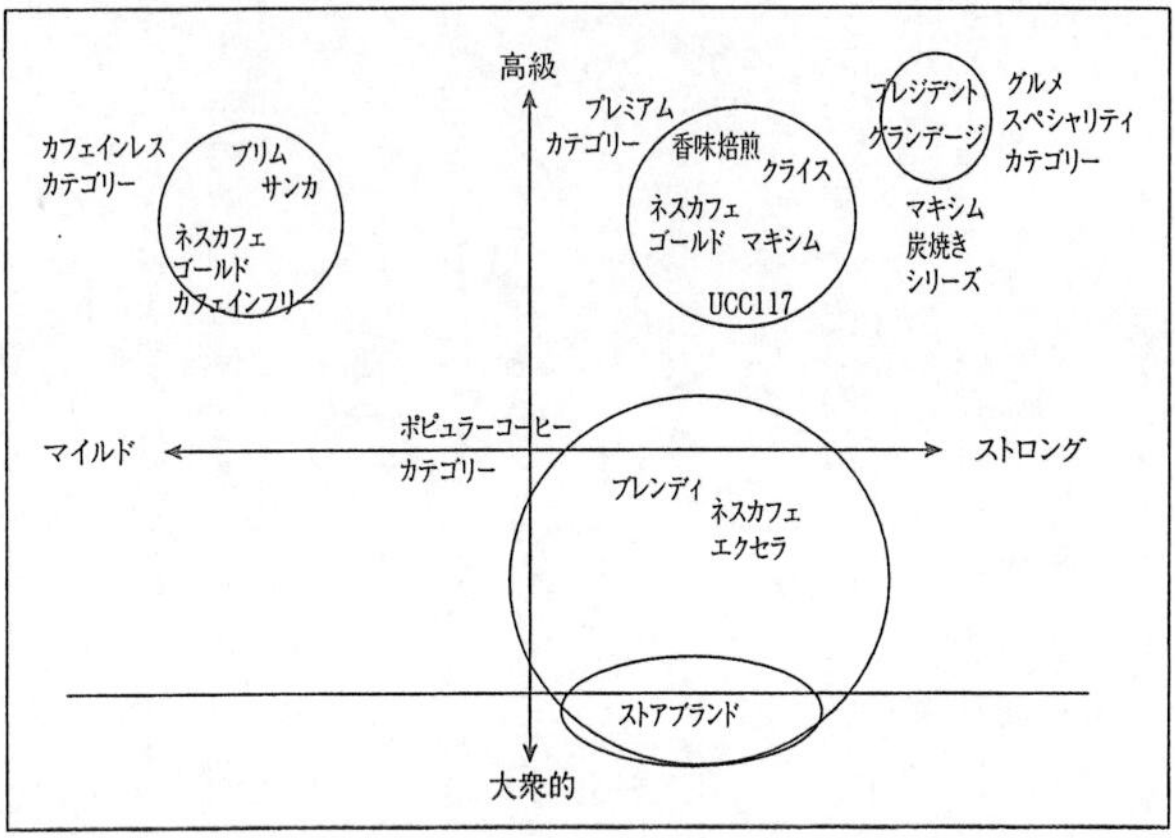

く、そしてビールの「ゆったり・くつろぎ」よりやや「さわやかさ」よりのコンセプトになろうか。はたして、このカテゴリーは大きく左下方向にシフトダウンしていくのか、新・富裕層の拡大から、右・上方のプレミアムカテゴリーの増大とクラスター（ユーザーの群）が分かれていくのか。

上の図は、インスタントコーヒーのポジショニンググリッドである。このカテゴリーは、グレード軸を縦軸に、商品の味覚、コーヒーの味の強さ・弱さを横軸にとってある。大きく、「ポピュラータイプサブカテゴリー」と「プレミアムサブカテゴリー」があり、小さな「カフェインレスサブカテゴリー」と「グルメカテゴリー」が分類できる。

このカテゴリーでは、競争戦略上の「ポーターの5フォーセス」のうちおのおののブランドは、どの競争のパワーが大きく働くのであろう。おそらく、同一サブカテゴリー内の同業者間競争が最もシビアであろう。

軸の取り方によっては、もっと異なった競争関係図を見ることができる。

この軸の取り方は、ブランド戦略上の重要性を考え創り出すことが大切である。

ポジショニングとウエスタン

もう半世紀も前に、もう現役のビジネスマンの方たちの記憶にはないと思われるが、ビクター・ヤングの美しい映画音楽で一世を風靡した西部劇、ウエスタン映画があった。タイトルを「シェーン」といって、あまり西部劇らしからぬ優男《やさおとこ》でインテリ風のアラン・ラッドという俳優が演じた。この男は、どこかで追われる身であったのか、ふらりと舞台であるワイオミング州の牧場にやってきて、その町を牛耳っている悪牧場主の用心棒のジャック・パランス演じる二丁拳銃の使い手を成敗して、銃を捨ててまたどこかへ流れてゆく、という単純な話である。

この、「シェーン」自体とポジショニング論はもちろん関係はない。

もし、このような、二丁拳銃の使い手がキーエネミー（最大の敵）、倒すべき敵ということであったら、どのようにするであろうか。

どうやって、この男を倒すか。この男の強みは、二丁拳銃の使い手、では、いったい弱みは何であろうか。徹底的な調査の結果、一つだけウイークポイント（弱点）がわかってきた。それは、「鳥目」、すなわち、日中は何の問題もないが、黄昏からはめっきり視力が落ちる、ということであった（先の、「シェーン」の悪玉とは、無関係）。

弱みは「鳥目」、薄暮以降は屋外ではまるでだめ。

戦略は、

①攻撃時間を夕刻。

②準備する銃は、ガットリング銃（一九世紀後半の回転式連発銃。マシンガン）。

③射手は五人。

④位置は、やはり一〇m以上はなれて、それも斜めから。

このくらい徹底すれば、かなりの確率でその悪者を倒すことができるかもしれない。

これは、勝つためのポジショニングであり、敵を定めて、攻撃コンセプトを構築した。これら①から④は、また勝つための製品コンセプトでもある。それぞれ、品質であり、技術であり、パッケージングであり、価格であってもよい。

ポジショニングは競争戦略であり、勝つための位置ぎめであり、打つべき敵の定義、絞込みがあって初めて成功する。その位置づけが決まって初めて、製品コンセプトはじめ、ポジショニングに準拠して決めていく。ポジショニングが上位概念なのである。

製品コンセプト戦略

製品コンセプトは、製品あるいはサービスのスペック、仕様の詳細をいうが、まず最初は、ネーミング、つまりブランドから始まる。

「ブランドネーム」が、製品コンセプトの始まりである。そして、ブランドの持っている固有の世界、ブランドワールドの記述、ブランドアイデンティティの記述になる。

製品コンセプトは、ポジショニングの定義に強く拘束される。ポジショニングで定義された市場への導入、ターゲットユーザー、戦うべきキーエネミー（仕様）を前提に、製品を作り上げることが求められる。

製品コンセプト

（1）ブランドネーム
（2）ブランドアイデンティティ、ブランドワールド
（3）製品タイプ、ラインイクステンション、フレーバー
（4）容器、パッケージ（包装）タイプ

(5) 容量、価格
(6) 製品特性
(7) 製品イメージ（品質イメージ、特徴、性格）
(8) ターゲット
(9) 用途
(10) 粗利益率

(1) ブランドネーム

ブランド、ネーミングは、製品全体を一言で表現でき、また代表できる信号、記号となるもの。覚えやすく記憶に残りやすいものが望ましい。それは、同時に独特の世界との連想を引き起こす力が秘められているものがよい。

また、登録商標として可能な法的排他力を持てるものでなくてはならない。実際問題としては、現在、日本の特許庁に登録されている商標は一八〇万にもおよび、カテゴリーによる分類はあるが、類似商標が多く、登録商標とできるものはなかなか難しいという現実がある。

意匠登録との併願などもあるが、独自のネーミングで登録を可能にするネーミング開発に努めるべきであろう。

コーヒー引用モチベーションフロー

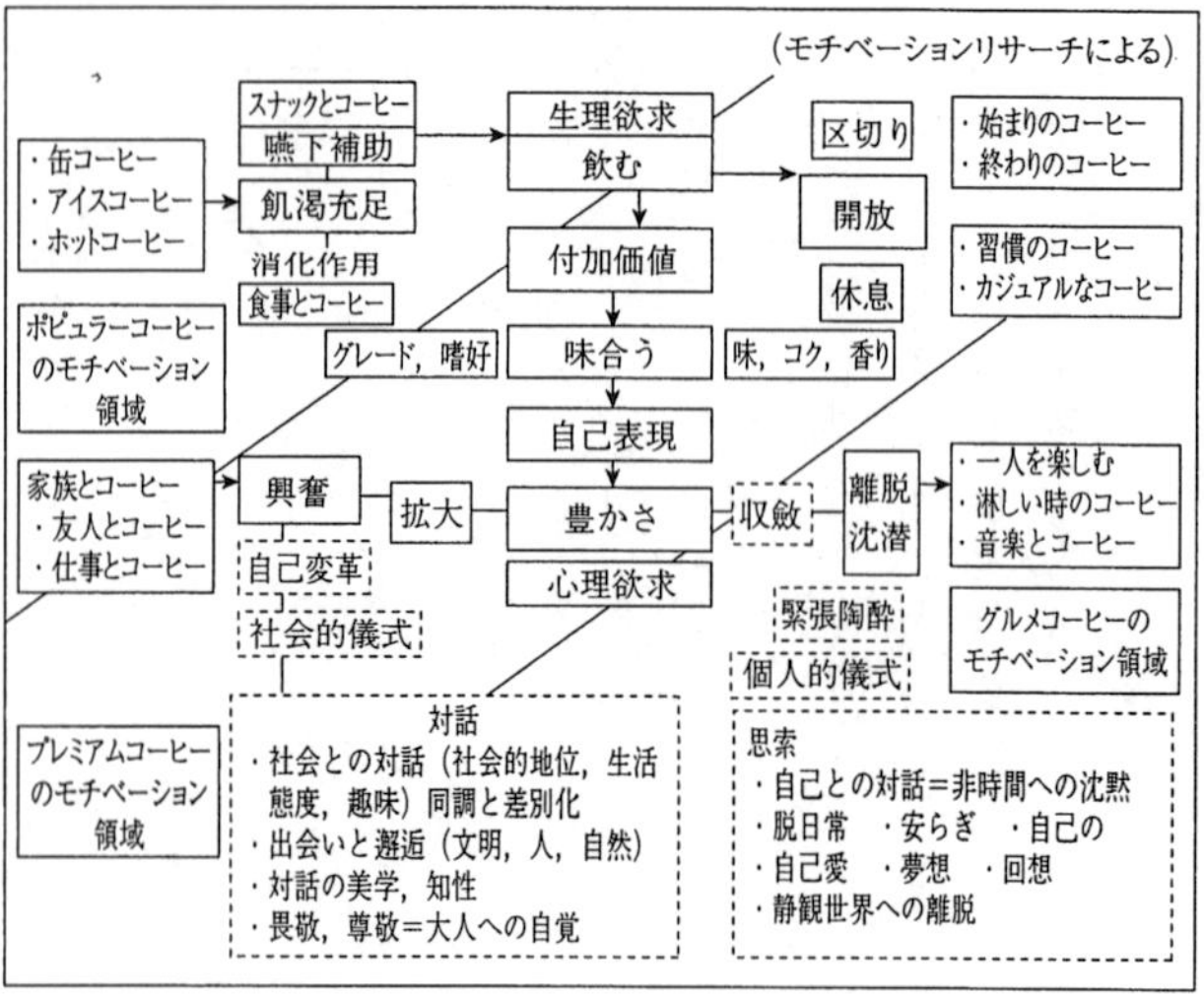

出所：AGF資料　1985年。

（2）ブランドアイデンティティ、ブランドワールド

・ブランドワールド

ブランドワールドは、ブランドアイデンティティとほぼ同義であるが、ブランドの機能的価値をベースに創り上げられる情緒的価値を中心とした商品性格、商品世界をさす。

たとえば、コーヒーというカテゴリーは、その機能的役割から、多くの情緒的役割、価値を創り上げることができる。

上の図は、コーヒー飲用の動機から始まるコーヒー飲用のさまざまなオケージョン、そしてそこから発生する新たな動機や気分、雰囲気について、定性消費者調査を通じてまとめられた関連図である。

コーヒーを飲む最もジェネリック（伝統的、一般的）な動機は、水、その他の飲料と同じようなサーストクエンチング（のどの渇きを癒す）飢渇充足であったり、ものを飲み込むことを容易にする嚥下補助であるかもしれない。そして、それは消化作用の補助にもつながったりする。さらに家族と、友人と、普段の日常の生活のなかにある一般的なコーヒー飲用、ポピュラータイプコーヒーの飲み方、市場が形成される。

さらに、コーヒーの味、コク、香りをもっと楽しんだり、休息のための一杯であったり、とコーヒーに求めるものが高くなり、プレミアムなコーヒー市場が形成されていく。

さらに、もっと一人を楽しんだり、音楽とのひと時を楽しんだり、自己との対話のような非日常の、ワインやブランディー、ウイスキーのようなアルコール飲料の世界に近づいた場面もある。それは、もっと豆やローストカラーやイールド（抽出）に贅沢さを求めたり、とスーパープレミアム、グルメの世界に入っていく。

ポピュラーなコーヒーには明るいカジュアルな軽い音楽が似合っているだろうし、プレミアムなコーヒーには静かなクラシックな音楽が似合うだろうし、グルメなコーヒーには、モダンジャズなのかバロックなのか、人によってさまざまな世界を創ることができる。

コーヒーには、インスタントコーヒー、レギュラーコーヒー、缶コーヒーもあるし、スターバックスのウオーキングドリンクできるスタイルもある。

いずれもコーヒーという褐色で香ばしい香りを持った、カフェインを少し含む製品特性をベースに発生してくるコンセプト群であり、イメージ群である。それぞれに、ブランディングができ、それぞれさまざまな商品世界、ブランドワールドを創造することができる。

ブランドワールド、ブランド価値を表す言葉

次に示す四五の言葉は、米国の広告代理店、オグルビー&メイサーの元CEO、ノーマン・ベリー氏から示された英語のワーディングを参考に、筆者の解釈でならべたものである。

ブランドワールドを一言で言えば、というときに、このなかから、二つか多くとも三つの言葉でミックスした意味で表現できると考えられる。シンプリファイ（単純化）した世界をつくることができたであろうか。ぜひ試してほしい。

1、野心　2、推測　3、広い心　4、節度　5、現実的　6、尊敬　7、奉仕　8、勇気　9、尊厳　10、平等　11、興奮　12、忠実　13、家族　14、自由　15、楽しい　16、寛容　17、正直　18、喜び　19、意味のある　20、謙遜　21、新しさ　22、両親のような　23、愛国心　24、楽しみ　25、力　26、権威への敬意　27、安全　28、自尊心　29、自己

実現　30、自分を信じる　31、達成感　32、依頼心　33、社会認知　34、自発性　35、ステータ　36、驚き　37、信頼　38、暖かい関係　39、好奇心　40、ミステリー　41、想像　42、恋　43、セクシャル　44、官能的な　45、ロマンス

ブランドアイデンティティ

第1章参照。

(3) 製品タイプ、ラインイクステンション、フレーバー

製品タイプは、一般的に表現される製品カテゴリー名。

(4) 容器、パッケージ（包装）タイプ

容器やパッケージングの種類。缶入り、壜入り、袋入り、段ボール入り等。

(5) 容量、価格

ネットウエイト、価格。例：二〇kg袋入り、二万円。

(6) 製品特性

(ア) 製品の持っている機能的特徴、能力。

(イ) たとえば、コーヒーであれば、苦味、香り、渋み、酸味などの強さの程度など。

(7) 製品イメージ（特徴、性格）

（ア）消費者に持ってほしい製品のイメージ。ポジショニングのトーン＆マナーに準拠する。

（イ）特に、品質イメージ。ブランドイクイティの知覚品質。

(8) ターゲット

ポジショニングのマーケットターゲット（ＭＴ）で参入市場の定義された消費者ターゲット像。この詳細は、この後のマーケティングセグメンテーション戦略で行う。

(9) 用途

ユーセージ（用途）、何のために使われるものかを記述。

(10) 粗利益率

当面計画されている製品の粗利益率。

マーケティングセグメンテーション戦略

・マーケットセグメンテーションの考え方

①不特定多数の顧客をマーケティング戦略上、同質と考えても差し支えないと判断される小集団にわけ（セグメンテーション）、一定のマーケティング活動に同じように反応する特定セグメントに照準を合わせて（ターゲティング）マーケティングの資源を集中投

下する。

②生活が成熟化し、また製品や情報があふれてくると、より優れたもの、より個性的で、特化された世界（イメージ）、特性が求められる

それは、より狭い、よりユニークな市場を意味する。

それは、誰でもが好きではなく、誰かだけが心酔するもの。

年令、性別、所得、地域といったデモグラだけではなく、教育レベル、生活態度（自然や環境を尊ぶ、健康をことさら重要視する、シンプル志向、パンは自分で焼く）や文化（サイエンス好み、音楽や美術に目がない）といった軸で、細分化される。

消費者より先取りして、製品をだす。ただし、ターゲットを明確にして…マーケットリサーチの結果をベースに…そのカテゴリーでトップをめざす。

③市場細分化とターゲットマーケティング

フィリップ・コトラーによれば、次のように分類することができる。（4）

・マス・マーケティング

すべての消費者を対象として大量生産、大量流通を単一製品について行うこと。

・製品差別化のマーケティング

異なった特性、スタイル、品質、の複数の製品を製造すること。消費者にバラエティを与

えている。

・ターゲットマーケティング

市場を構成するさまざまなセグメントを区別し、これらセグメントをいくつか選択して集中化し、それぞれの標的市場のニーズに合った製品とマーケティングミックスを開発すること。

④ターゲットマーケティングの利点

(1) 市場機会を獲得するよい位置につけることができる…既存の製品でニーズを満たしきっていないセグメントをつかむ

(2) 市場のニーズにうまく製品を合わせることができる…標的消費者の特定のニーズを観察

(3) 価格、チャネル、プロモーションミックスの制度の高い調整を行うことができる…個々のマーケティングプログラムを開発することができる

マーケティングミックス戦略

・マーケティングミックスの重要性

マーケティング目標を達成するために、競争戦略の視座であるブランドのポジショニング

マーケティングミックス（新製品発売時）

（8月－3月）		スペンディング ¥Mil.		期待効果
メディア	TV（9000％＋番組600％）	1,195	37.1%	助成知名　85%
	新聞	255	8.5%	トライアル　15%
	雑誌	46	1.5%	SOM　10%
	ラジオ，交通広告	64	4.5%	
	（メディア　計）	(1,550)	(51.6%)	
セールスプロモーション	有償サンプリング（180万本）	260	8.7%	10月までに6％の
	オープンメイルインキャンペーン	120	4.0%	トライアル確保
	POP（ポスター，消費者リーフ）	50	1.7%	Distri，スーパー
	トレードミーティング他	119	3.9%	90%
	（SP　計）	(549)	(18.3%)	G&S　15%
PD	MD サポート，チラシ補助，全サイズディスプレイ	904	30.1%	
GT		3,003	100.0%	

出所：筆者作成，2005年。

をベースに、マーケティング費用を最も効率的に、優先順位をつけて次の各マーケティング戦略に貼り付けることである。

・流通戦略
・広告戦略（表現戦略・媒体戦略）
・販売促進戦略
・価格戦略
・PR戦略
・ブランドのステージによって優先順位が変わる

マーケティングミックス例（嗜好飲料新発売のケース）

この製品は、八月に新発売された。

スペンディングガイドライン（費用支

出指針）は明らかに、知名度の短期獲得（年度末八五％）と、トライアル確保の短期獲得（年度末一五％）にあることから、広告重視、販売促進重視で特売がフレキシブルに投下される価格原資を十分に準備している。

引用文献

第1章

(1) アリス・タイボー、ティム・カルキンス編著『ケロッグ経営大学院ブランド実践講座』、小林保彦、広瀬哲治監訳、電通IMCプランニングセンター訳、二〇〇六年、ダイヤモンド社。
(2) ジャン・ノエル・カプフェレ『ブランドマーケティングの再創造』、博報堂ブランドコンサルティング監訳、二〇〇四年、東洋経済新報社。
(3) デビッド・アーカー『ブランド優位の戦略』、陶山計介他訳、一九九七年、ダイヤモンド社。
(4) デビッド・アーカー『ブランドイクイティ戦略』、陶山計介他訳、一九九四年、ダイヤモンド社。
(5) ジョセフ・ボイエット、ジミー・ボイエット『カリスマに学ぶマーケティング』、恩蔵直人監訳、二〇〇四年、日本経済新聞社。
(6) マーク・ゴーベ『ブランディング三六〇度思考』、酒井泰介訳、二〇〇三年、東洋経済新報社。
(7) ジェイ・カリー、アダム・カリー『カスタマーマーケティングメソッド』、藤枝純教訳、二〇〇一年、東洋経済新報社。
(8) アル・ライズ、ジャック・トラウト『マーケティング22の法則』、新井喜美夫訳、一九九四年、東急エージェンシー。
(9) ジェラルド・ザルトマン『心脳マーケティング』、藤川桂則、阿久津聰訳、二〇〇五年、ダイヤモンド社。
(10) ハーバードビジネスレビュー編『ブランドマネジメント』、二〇〇一年、ダイヤモンド社。

第2章

(1) ジャン・ノエル・カプフェレ『ブランドマーケティングの再創造』、博報堂ブランドコンサルティング監訳、二〇〇四年、東洋経済新報社。
(2) 山田敦郎『ブランド力』、二〇〇二年、中央公論社。
(3) グロービスマーケティングインスティテュート『MBAマーケティング』、二〇〇五年、ダイヤモンド社。
(4) デビッド・アーカー『ブランドリーダーシップ』、阿久津聰訳、二〇〇〇年、ダイヤモンド社。
(5) デビッド・アーカー『ブランドポートフォリオ戦略』、阿久津聰訳、二〇〇五年、ダイヤモンド社。
(6) ハーバードビジネスレビュー編『ブランディングは組織力である』、二〇〇五年、ダイヤモンド社。

8ページのコーポレートブランドツールキット図。
(7) イアコブッチ、カルダー編『ケロッグの統合マーケティング戦略論』、小林保彦、広瀬哲治訳、二〇〇三年、ダイヤモンド社。
(8) ハーバードビジネスレビュー編集『ブランディングは組織力である』、二〇〇五年、ダイヤモンド社。
(9) デビッド・アーカー『ブランド優位の戦略』、陶山計介、他訳、一九九七年、ダイヤモンド社。
(10) 小川孔輔『よくわかるブランド戦略』、二〇〇一年、日本実業社。

第3章

(1) アル・ライズ、ローラ・ライズ『ブランディング22の法則』、片平秀貴訳、一九九九年、東急エージェンシー。
(2) アリス・タイボー他『ケロッグ経営大学院ブランド実践講座』、電通IMC訳、二〇〇六年、ダイヤモンド社。
その他、二〇〇七年立教大学大学院ビジネスデザイン科卒業、川村徹夫君の修士論文「プロダクトブランドとコーポレートブランドの関係性と戦略的優位性の一考察」のコーポレートブランド調査データ。

第4章

（1）『WEDGE』㈱ウエッジ。
（2）櫻井通晴『コーポレートレピュテーション』、二〇〇五年、中央経済社。
（3）小具龍史氏の立教大学大学院ビジネスデザイン研究科二〇〇六年度修士論文「コーポレート・ブランド形成におけるレピュテーション・マネジメントに関する研究」。

第5章

（1）簗瀬允紀『ブランドマーケティングマネジメント入門』、二〇〇六年、創成社。
（2）青木幸弘、恩蔵直人『製品ブランド戦略』、二〇〇四年、有斐閣。
（3）アル・ライズ、ジャック・トラウト『マーケティング二二の法則』、新井喜美夫訳、一九九四年、東急エージェンシー。
（4）フィリップ・コトラー『マーケティング原理』、村田昭治監修、一九九二年、ダイヤモンド社。

参考文献

フィリップ・コトラー『新マーケティング原論』、有賀裕子訳、二〇〇二年、翔泳社。

ドーン・イアコブッチ編『マーケティング戦略論』、奥村昭博、岸本義之訳、二〇〇三年、ダイヤモンド社。

ドーン・イアコブッチ、ボビー・カルダー編『ケロッグ統合マーケティング戦略論』、小林保彦、広瀬哲治訳、二〇〇三年、ダイヤモンド社。

ドン・シュルツ編『ドン・シュルツの統合マーケティング』、博報堂タッチポイントプロジェクト訳、二〇〇五年、ダイヤモンド社。

フィリップ・コトラー『マーケティングマネジメント』第4版、村田昭治監修、小坂恕、疋田聡、三村優美子訳、一九八三年、プレジデント社。

マイケル・ポーター『競争の戦略』、土岐坤、中辻萬治、服部照夫訳、一九八二年、ダイヤモンド社。

マイケル・ポーター『競争優位の戦略』、土岐坤、中辻萬治、小野寺武夫訳、一九八五年、ダイヤモンド社。

マイケル・ポーター『グローバル企業の競争戦略』、土岐坤、中辻萬治、小野寺武夫訳、一九八九年、ダイヤモンド社。

マイケル・ポーター『日本の競争戦略』、竹内弘高訳、二〇〇〇年、ダイヤモンド社。

デビッド・アーカー『ブランドポートフォリオ戦略』、阿久津聡訳、二〇〇五年、ダイヤモンド社。

嶋口光輝『戦略的マーケティングの論理』、一九八四年、誠文堂新光社。

嶋口光輝、和田充夫、池尾恭一、余田拓郎『ビジネススクールテキスト　マーケティング戦略』、二〇〇四年、有斐閣。

グロービスマネジメントインスティチュート編『MBAマーケティング』、二〇〇五年、ダイヤモンド社。

アル・ライズ、ローラ・ライズ『ブランディング22の法則』、片平秀貴訳、一九九九年、東急エージェンシー。

アル・ライズ、ジャック・トラウト『マーケティング22の法則』、新井喜美夫訳、一九九四年、東急エージェンシー。

ジャック・トラウト『ニューポジショニングの法則』、新井喜美夫訳、一九九七年、東急エージェンシー。

ケビン・レーン・ケラー『ケラーの戦略的ブランディング』、恩蔵直人研究室訳、二〇〇三年、東急エージェンシー。

ハーバードビジネスレビュー『ブランディングは組織力である』、二〇〇五年、ダイヤモンド社。

ジャン・ノエル・カプフェレ『ブランドマーケティングの再創造』、博報堂ブランドコンサルティング監訳、二〇〇四年、東洋経済新報社。

テイーハ・フォン・ギーツィー他編『クラウゼヴィッツの戦略思考』、ボストンコンサルティンググループ訳、二〇〇二年、ダイヤモンド社。

清水公一『広告の理論と戦略』、一九八九年、創成社。

谷本寛治『CSR』、二〇〇四年、NTT出版。

アリス・タイボー、ティム・カルキンス編『ケロッグ経営大学院ブランド実践講座』、小林保彦、広瀬哲治監訳、二〇〇六年、ダイヤモンド社。

築瀬允紀（やなせ・まさき）

立教大学大学院教授。
1943年生まれ。67年慶応義塾大学商学部卒業後，味の素ゼネラルフーヅ（AGF）で「マキシム」，「ブレンディ」，「ユーバン」などコーヒー類，「マリーム」コーヒークリーミングなどのマーケティング部長，事業部長を歴任，米国の親会社クラフトフーズ社，ドイツ，フランスの兄弟会社ヤコブススシャール社（当時）と共同マーケティング事業の展開なども担当，欧米流のブランドマーケティングに造詣が深い。95年からはデュポンに移り，食品素材のマーケティングディレクターを務め，現在は立教大学大学院ビジネスデザイン研究科の教授，立命館アジア太平洋大学（APU）非常勤講師を務める傍ら，マーケティングコンサルティングオフィス「ブランドアカデミー」を主宰。
主要著書
『ブランドマーケティングマネジメント入門』（創成社，2006年）

（検印省略）

2007年11月25日　初版発行
2010年3月10日　二刷発行　　略称－ブランド

コーポレートブランドと製品ブランド
－経営学としてのブランディング－

著　者　築瀬允紀
発行者　塚田尚寛

発行所　東京都豊島区池袋3－14－4　株式会社　創成社
電　話 03（3971）6552　FAX 03（3971）6919
出版部 03（5275）9990　振　替 00150-9-191261
http://www.books-sosei.com

定価はカバーに表示してあります。

ISBN978-4-7944-5019-7 C3234
Printed in Japan

組版：トミ・アート　印刷：平河工業社
製本：宮製本所
落丁・乱丁本はお取り替えいたします。

創成社新書

簗瀬允紀
コーポレートブランドと製品ブランド 19
経営学としてのブランディング

並木伸晃
米国博士《プロフェッサー・ドクター》号をとるコツ 18
あなたの都合にあわせてくれる米国大学院の利用術

並木伸晃
参入の壁 15
競争戦略学の要《カナメ》の理論

亀川雅人
資本と知識と経営者 14
虚構から現実へ

髙島秀之
嫌われた日本 13
戦時ジャーナリズムの検証

岡本幸治
インド世界を読む 8

中津孝司
ロシア世界を読む 10

中津孝司
アフリカ世界を読む 11

創成社刊